U0919443

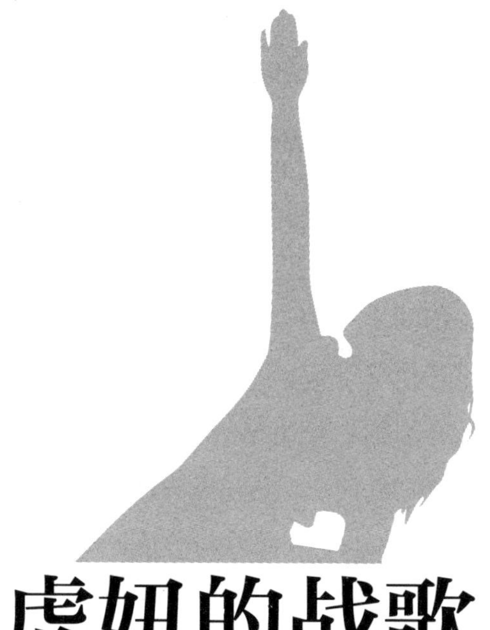

虎妞的战歌

DIY 美国名校申请攻略

师海念／著

中国财富出版社

图书在版编目（CIP）数据

虎妞的战歌：DIY 美国名校申请攻略 / 师海念著. —北京：中国财富出版社，2015.3

ISBN 978 -7 -5047 -5523 -0

Ⅰ.①虎…　Ⅱ.①师…　Ⅲ.①英语—留学教育—申请—文书—写作②留学教育—概况—美国　Ⅳ.①H315 ②G649.712.8

中国版本图书馆 CIP 数据核字（2015）第 006493 号

策划编辑　黄　华　　　**责任印制**　方朋远
责任编辑　戴海林　吴伊文　　　**责任校对**　梁　凡

出版发行　中国财富出版社
社　　址　北京市丰台区南四环西路 188 号 5 区 20 楼　　**邮政编码**　100070
电　　话　010 -52227568（发行部）　　010 -52227588 转 307（总编室）
　　　　　010 -68589540（读者服务部）　　010 -52227588 转 305（质检部）
网　　址　http://www.cfpress.com.cn
经　　销　新华书店
印　　刷　北京京都六环印刷厂
书　　号　ISBN 978 -7 -5047 -5523 -0/G·0603
开　　本　710mm×1000mm　1/16　　**版　　次**　2015 年 3 月第 1 版
印　　张　13.75　　**印　　次**　2015 年 3 月第 1 次印刷
字　　数　198 千字　　**定　　价**　32.00 元

自 序

将近15年前，作家龙应台以一位母亲的亲身经验写下了畅销多年的《孩子你慢慢来》。她在书中说：“我爱极了做母亲，只要把孩子的头放在我胸口，就能使我觉得幸福。”

当看到这么一段文字时，我想起了我的第一本书——《家有虎妞》。在那本书中，我的妈妈又何尝不是倾尽一个母亲所有的爱来和我一起成长。我想，她应该也同龙应台一样，懂得作为一个母亲的那份喜悦与幸福。

如果说母爱如水般温润，那父爱就像是大山一样有宽厚的臂膀和博大的胸襟，他也许说不出那么多暖人心底的话，但却能做出许多让我感动一生的事情。

《家有虎妞》主要讲的是妈妈和我一起的成长经历，而在这一本《虎妞的战歌》中，或许少了些儿女柔情，但却是爸爸陪我冲刺美国名校的真实故事。在我遇到困难时，爸爸不会陪我哭泣，而是和我一起寻找突破困境的方法。

这是一个竞争日趋激烈的现代社会，无论是在千军万马过独木桥的东方，还是在教育方式迥异的西方，学子们在求学的过程中，都需要面对很多升学的压力。当一些人想避开国内的高考时，他们或许不知道在美国、加拿大等西方国家，那里的学生想要上名校同样需要翻山越岭。与国内高考在内容和形式有所不同的是，申报美国大学不仅要各项考试成绩，还需要社会活动、义工等经历，同时还有写申报文章、写文案、

面试等种种关卡，最终能进入常春藤这类名校的学生也是屈指可数。

面对激烈竞争，我们不仅需要个人的力量，更需要团队精神，然而，最容易被忽略、实则最核心最强大的“团队”，就是我们的家庭。在我眼里，我和爸爸妈妈一直就是“三个臭皮匠顶一个诸葛亮”。虽然比我爸妈优秀的父母还有很多，但我眼中，他们是伟大的父母。虽然比我最聪明最有能力的孩子更多，但是，带着父母赋予我的力量，也能所向披靡、勇往直前。

我是一个土生土长的中国人，在国内度过了幼儿园、小学和初中两年。出国前，我们一家是一个团队，不过，爸妈是我的教练、领导，而小小的我基本上都听从领导的安排。初二时，全家一起做了一个决定：移民加拿大，让我在加拿大度过了接下来的 9 至 12 年级。来到加拿大后，我们一家人仍然是一个团队，但是，父母听我的了。

爸妈懂得尊重我的选择，我们团队的合作形式转型成为了合伙制，爸妈是我的最佳合伙人。在过渡期完成后，我自然而然地被推选成为领导者，掌握了整个团队里的决策权。高中期间，在权衡了加拿大大学和美国大学的利弊之后，我决定冲刺美国常春藤盟校。这个决定获得了团队的认可和支持，被列为我们当时的首要任务。

于是，妈妈充当了团队中后勤部长的角色，负责我们的饮食起居，保证每位成员的健康和卫生；爸爸成了我的私家教练，全程陪伴，发挥他曾经做科研时的严谨精神，在我备考 SAT、准备申报材料和面试的几个关键时间里，提供技术分析和预测。于是，我有了一种“路漫漫其修远兮，吾将上下而求索”的义无反顾。

从登陆加拿大到申报完毕，三年四个月里，我们经历了“山重水复疑无路，柳暗花明又一村”的曲折，直至收到美国大学的录取通知书，包括常春藤盟校哥伦比亚大学，以及其他排名前 20 的学校如芝加哥大学、西北大学麦迪尔新闻学院、加州柏克莱分校、加州洛杉矶分校等，之后选择了我心仪的大学——哥伦比亚大学就读。

我的学习和申报经历谈不上范例，但承蒙周围朋友和家长看得起，向我询问关于申请美国大学的细节，鼓励我秀出我的成绩、文章和备考期间的心路历程，所幸的是我爱写，便记录下了整个过程。我曾经有过犹豫，因为觉得自己并非横扫藤校的牛娃，也无过人之处，即便被几所大学录了，多半是幸运所致。但是，朋友和家长坚持说，他们现在对于美国大学的申报一无所知，可是又非常向往，只是想了解我的经历，希望我有勇气贡献出自己记录下的一切给他们一些启发，也能让更多准备留学的学生和家长知道，申报美国名校的过程没那么神秘，一家人也能自己做，也有机会被美国名校录取。这一点理由打动了我，故写了这本书，贴出我们在申报过程中的部分资料，以及在申报中我们的体会和我们学到的感悟到的。这是我们一家人的亲身经历和摸石头过来的真实故事，没有任何添油加醋。

说到这里，读者朋友应该明白，这本书的大概内容了吧。《虎妞的战歌》是我全力冲刺常春藤盟校的“史诗”，虽然没有流血牺牲，但却是无数个日日夜夜的经历汇聚而成的宝贵经历。虎妞的战歌，不是与别人竞争，而是战胜昨天的自己；不是孤身奋战，而是以家庭为团队去战斗；不是百战百胜，而是在这条坎坷的路上屡败屡战。想了解申报美国大学的您，在读完这本书，多少可以品味到一路的酸甜苦辣，还可能够透过那些分数，那些项目，那些数据，那些文章，那些图表，读懂它们背后真正的含义。

是为序。

师海念

2012 年 12 月 30 日

目 录

第一篇 海到天的距离

第二篇 申请季那些事儿

第三篇　漫漫人生路，大学算什么

第一篇

海到天的距离

在国外房屋的院墙上，如果爬满了郁郁葱葱的常青藤，那么说明这些房屋有着悠久的历史。同样，在美国3000多所大学之中，也有一个悠久的群体。这就是以哈佛、耶鲁为代表的“常青藤联盟”（或“常春藤联盟”），被人们昵称为“常春藤”。

和它动人的名字一样，常春藤如同一个象征未来和希望的美好的梦想，每年都吸引着全世界大批的“追梦人”，特别是中国学生。近年来申报人数如同滚雪球一般逐年递增。常春藤名校却做到风动而树不动，招生名额多年不变的境界，面对越来越多爬藤的莘莘学子，常春藤名校的录取率每年屡创新低，让人不禁感叹到竞争是空前的，却不是绝后的。

在国内，越来越多的家长选择让孩子走出国门，希望能逃避应试教育，希望能避开国内残酷的高考“独木桥”，又能让孩子接受西方先进的教育，“常春藤”盟校便成为莘莘学子梦寐以求的求学圣地。因为在大家心中，常春藤名校意味着顶尖，意味着精英，是无数优秀学子向往的名校。

第一章　追梦的路上

加拿大大学还是美国大学

读加拿大大学还是读美国大学？我想每个温哥华的高中生都想过、问过或是讨论过这个问题。当我们在这个问题上纠结时，也意味着我们拥有了更多自由选择的机会。

我们可以问父母、问老师、问同学，可是，千万不要去问美国大学的面试官。听一个家长介绍，她的孩子以学校名列前茅的优异成绩，获得一所常春藤名校的面试机会。在面试的最后关头，面试官问："你有什么问题需要问我吗？"这位可爱的男孩问出了这个他一直没有想清楚的疑问："为什么要读美国大学，加拿大大学不是也挺好吗？"结果……他收到了这所大学的拒绝信。

对这个问题，我的数学老师认为：在加拿大上本科，去美国读研究生。这样既省钱又省力，几乎是一个完美的途径。然而，仍有无数高中学生抵不住美国常春藤等名校的诱惑，决定在高中阶段就拼搏一番，争取早日在自己梦想的大学里学习和生活。不过，申报美国大学要比加拿大大学多很多额外考试和准备材料，比如SAT1、SAT2、AP和各种个人陈述文章，还要在才艺、活动、竞赛等方面付出更多的努力。我周围很多优秀的同学，在这条充满挑战的道路上，因为种种原因，不得不中途退出，宣布放弃报考美国大学，转而申报加拿大大学。表面上，加拿大大学仿佛成为了高中生躲避风雨的避风港；实际上，我羡慕这些同学的选择，因为他们有闲暇时间去做想做的事——周末可以会朋友，假期可以去旅游，直到加拿大大学通知书如期而至。个个在全球也是名列前茅。

所以，很多人在“报不报美国大学”的问题上一直纠结，直到申报的最后期限，还没搞清楚应该读加拿大大学还是美国大学。有一位同学，一边申报着美国大学，一边同我们在网上讨论着为什么要申报美国大学。这个话题很快吸引了众多参与者。有人说，两个都申请好了，马上就有人反驳：目标不同，做的准备就不一样；也有人说，根据家庭经济实力，有机会为什么不去美国，随即就有人拍砖头，批评说，很多好大学不是花钱就能进去读的。结果大家各执一词，莫衷一是。

正当大家吵得不可开交之时，有人总结性发言：“别吵了，截止日期还剩几小时了，现在是讨论这个问题的时候吗？等我们手上拿到几个加拿大大学和美国大学的通知书时，再来讨论这个问题吧。那时才由我们说了算！”

于是乎，各路吵闹的人顿时收声，忙着各自的最后申报去了。

爸爸手记

对于这个问题，相信许多想要出国的学生和他们的家长都比较关注。我的建议是：

第一，看学生本人未来的规划，以留学目的来看，一般选择留学加拿大的人基本上都是为了移民。如果你有这样的想法，今后想久居海外上班学习，那么就可以选择去地广人稀的加拿大上本科，今后毕业也好找工作，还可以顺利拿到枫叶卡（加拿大永久居民卡的俗称）留下来。

第二，如果你喜欢学术和挑战，那就可以考虑美国的大学。在美国虽然竞争压力会大一些，但这里是冒险家的乐园。尽管加拿大的著名大学在学术水平上也很高，但是大学学习的不仅仅是学术水平，还有许多其他方面的综合能力和对生活的一种态度，加拿大的环境比较安逸，而美国的竞争味道更浓，具体选择哪一个，就看你是哪一款了。

第三，对于本科之后还想要读研的学生来说，选择美国的大学更有优势，因为去美国读本科需要考 SAT，在你申请美国研究生时又要考 GRE，这两者是属于同一家命题机构——美国教育考试服务处（Educational Testing Service，ETS），复习起来相对方便。

第四，考虑到留学成本方面，加拿大的留学费用普遍比美国要低很多，而且两者的教育方式属于同一个体系，但加拿大的私立学校很少，几乎都是公立学校，而美国最好的几个学校都是私立学校，如果你成绩一般，建议留学加拿大，毕竟前几年发生在澳洲私立学校破产事件让一些想要获得海外大学毕业证书的学生蒙受了损失。因此，如果你单纯要求安稳地拿到毕业证书，那就到加拿大的公立大学吧！

当然了，超一流的学校，比如哈佛大学、麻省理工之类的都是在美国而不是加拿大。不过也要看个人的兴趣，毕竟教学质量的话在这些顶尖大学之间进行比较是没有意义的，每个学校的专业侧重点也有所不同，比如加拿大高等教育的翘楚西安大略大学，它的商科最为出名，是北美案例法教育的两大发源地之一（另一个为哈佛大学），本部医学院也享有极高的国际声誉和影响力。

因此，若你有学习的专业方向，而且成绩优秀，也有足够的物质基础来维持留学的费用，建议不要看在哪个国家，而是综合学校的专业排名和自身的能力进行灵活选择。对于这个问题，念念和我们一起讨论了好久，最终综合各方面的考虑，一家人做了一个决定：挑战自我，报考美国大学，走上追梦之路。

常春藤，你的标准是什么

美国有佳人，姓常名春藤。每年春季公开招亲，吸引远近众多风流倜傥、才华横溢的青年才俊前去提亲。谁知，原本意气风发，志在必得的才子们，却意外地纷纷落马，被常春藤拒之门外。世人诧异，不解，扼腕叹息：常春藤啊，你要的是怎样的人？你的标准到底是什么？

每年三月，常春藤像往年一样按时公布“招亲”结果——向报考学生们发出录取通知书、拒绝信或者等待信。常春藤联盟包括美国八所名校：哈佛、耶鲁、普林斯顿、哥伦比亚、宾夕法尼亚、康奈尔、布朗、达特茅斯以及没有加入常春藤联盟但被大家视为负有同等盛名的斯坦福、麻省理工、芝加哥、加州理工和杜克。

我有一友，成绩突出，才艺超群，美国高考 SAT 几乎满分，社会活动极棒，各种奖项无数，却出人意料地被所有常春藤盟校残忍地拒绝了。还有一个学习成绩超强的神童，各项考试的分数都到了令人仰视的高度，十一年级时已经修了十门大学预修 AP 课程，也被所有常春藤盟校齐刷刷拒绝了。按周围的人所说，他们绝对是上常春藤盟校的料，可惜，这些常春藤盟校不知是有眼不识金镶玉，还是鸡蛋里挑骨头，统统没有将绣球抛给他们。而那些得到绣球的幸运儿，其中包括我的另一个朋友——从中国的传统眼光看，学习不够刻苦，成绩不够靠前，却口若悬河，一副前途无量的外交官的模样。别看他平日一副吊儿郎当的样子，竟赢得了美国名校的青睐。

人们百思不得其解，为什么会是这样的结果？优秀的学生被无情地拒绝了，而被录取了的仿佛不是我们心目中的骄子。我想，是不是太高的 SAT 分数，给了常春藤一个错误的印象：被误认为是书呆子了，被误认为在学业上花费的精力太多了，而忽略了自身兴趣的培养和对社区的贡献——尽管考生本身也许并非如此。对于我“一针见血”的歪理论，爸爸思索一阵，居然一本正经地给我下达了 SAT 考分的底限以及上限。唉，分数少了不行，多了也不行，看来考一个美国名牌大学，真是难如上青天也。

常春藤的录取标准到底是什么？有多少同学为此消得人憔悴。

人们在每年被录取或拒绝的学生身上，试图找出规律，但事后证明都是徒劳。洛阳城东的桃李花，飞来飞去将会落到谁家？如果都是一等一的学生，录谁都是在常理中，拒谁也未出常理外。周围被常春藤及其他名校录取的同学，个个出类拔萃，总能找出各自的过人之处。可是，优秀是个抽象的概念，如何衡量呢？只有情人的眼睛才能感觉到哪位是他心中的西施。那些没有被录取的失意者，并非少了一份努力或一斗才华，只是缺了一些录取考官正好看中的特质，和一丝与常春藤情投意合的缘分，正如凯特·米德尔顿不算最漂亮或最聪明的那个，可她偏偏就是威廉王子在千万人中将要迎娶的新娘一样。

每个人都是自己心目中的西施。什么样的特质才能吸引常春藤这样的才子佳人，答案无人知晓。

无论常春藤的录取标准有多么的千变万化，无论爬藤的道路有多艰辛，莘莘学子都得有一种成熟而且平和的心态：你拒，或者不拒我，我就在那里，不悲不喜。你录，或者不录我，努力就在那里，不增不减。你要，或者不要我，梦想就在那里，不离不弃。

爸爸手记

随着近年中国申请人数的增多，常春藤中国区申请者的竞争日益激烈，因此对中国申请者而言，包括标准化考试成绩在内的整体标准都有所提升。在我们周围经常会听到这样的消息，比如中国某省的高考状元没有被申请的大学录取，或是听到有 SAT 考试满分的学生被美国的顶尖大学拒之门外。

在美国大学的录取过程中，有些人认为学业成绩最重要，有些人则认为课外活动需要突出。那么，究竟哪些因素是常春藤大学的录取标准呢？问一百个人会有一百个答案，即使问招生官他也不会告诉我们具体的标准。我们能做的就是以最大的热情和激情，去挑战自己在各方面的能力：挑战自己的学习能力、挑战自己服务于社会的能力、挑战自己在体育音乐方面的技能技巧等等。即使做到了这些，能不能被录取还要看运气。我们可以借鉴别人成功的经验，但是每个人都有自己的特点，一味地完全模仿别人，也不一定会带来好运。据说一美国白人家庭有两个儿子，老大学习能力超强，社会活动做得有声有色，更厉害的还是全国青少年游泳冠军，他被哈佛录取了。二儿子的学习和社会活动一点儿不比老大差，也得了同样的游泳冠军。可是老二却被哈佛拒了，原因是哈佛说，我们已经有一个了。

美国名校的招生，并不希望招收一群一模一样的完美学生，而是能带给团队一些有用的、引人入胜的东西，可以是良好的性情，幽默的气息，丰富的个人经历，乃至各种各样的个人天赋，才能，兴趣和成就，是一群各不相同的能人，互相团结支持，为团队作出贡献的学生。

申请者应该准备的资料（以本科为例）：

①SAT（或者 ACT）成绩（SAT 包括 SAT1 和 SAT2，SAT2 一般需要两门以上的成绩）；

②托福成绩（TOEFL），非英语母语学生需要提交，不过以下两种学生可以免除：一是在英语为母语的学校学习有二至五年，每间学校要求不同、具体时间需要查看学校网页，二是 SAT 阅读或写作超过 650 分；

③一份高中成绩单（九年级到十二年级，包括 AP 或者 IB 成绩）；

④两封老师推荐信（最好一文一理，带课两年以上的老师，名校毕业或有获奖荣誉者最佳）；

⑤一份学校导师报告（提交一次，更新两次）；

⑥个人陈述（500 字左右、150 字左右文章各一篇，能够展现你的特质、激情和你的领导能力）；

⑦简历（包含你的受教育经历、课外活动、所获荣誉、实践经历、兴趣爱好等等，如果你有个人专利或者 SCI 那更是锦上添花了）。

⑧每个学校都要求写：为什么申报我们学校（需要了解学校更多的信息）；

⑨还有一些学校要求的其他附加的文章（比如哥伦比亚大学、芝加哥大学需要写几篇离奇的文章。这些文章马上拉开了申报者之间的距离。）

留学攻略

★申请常春藤名校要准备充足

申请常春藤名校的准备是一个长期的过程，虽然申报表上只需要填写最近四个年级，即九年级到十二年级的成绩、活动、获奖等。但这四年的内容往往是由从小养成的行为、习惯、爱好等的表现。对孩子的规划准备还是早比迟好，越迟越被动。

其次，作为父母更应该搞清楚，是孩子自己愿意去申请的，还是我们把意愿强加给孩子而已，如果父母采用权威态度要求孩子配合，孩子和家长之间缺乏双向沟通。孩子理所当然地缺少了努力的动力，往往不会有满意的结果。

★申请常春藤名校的注意事项

（1）标准化考试高分（不过一味追求高分也不可取）有助于增加学生的录取机会（硬指标）；

（2）家长（名人明星校友等）的社会背景有助于增加录取机会（公开的软关系）；

（3）公立中学里的优秀学生和私立中学一样具有录取优势（公平）；

（4）了解所在中学往年被常春藤学校录取学生的比例（知己知彼）；

（5）建立与学校的联系特别是与招生老师的直接联系（早准备）；

（6）面试不一定会提高学生的录取率，但是如果面试时出现失误肯定会影响录取。所以当你没有把握时，完全可以找合理的理由在收到面试通知时拒绝掉面试。

（7）申报表一定要在每个学校的规定时间之前提交。申报结束后，你的新成绩、新的获奖情况及时汇报给你申报的大学。

（8）让你的通用申请表脱颖而出：要具体，有细节，要表达出你的激情与特质。

“常春藤”各个大学的著名学院
（包括本科和研究生院）

哥伦比亚大学——商学院、教育学院和新闻学院；

布朗大学——国际关系学院、历史学院和经济学院；

康奈尔大学——酒店管理学院和工程学院；

达特茅斯学院——文学院和塔克商学院；

哈佛大学——商学院、法学院、医学院和肯尼迪政府管理学院；

宾夕法尼亚大学——沃顿商学院、医学院、护理学院和工程学院；

普林斯顿大学——数理学院、伍德鲁·威尔逊公共与国际事务学院；

耶鲁大学——法学院、文学院、音乐学院和医学院。

2011 美国 15 所名校本科录取率

大学	申请人数	录取学生	录取率
哈佛大学	34950	2158	6. 17%
哥伦比亚大学	34929	2419	6. 93%
斯坦福大学	34348	2427	7. 07%
耶鲁大学	27282	2006	7. 35%
普林斯顿大学	27189	2282	8. 39%
布朗大学	30946	2692	8. 70%
麻省理工学院	17909	1715	9. 58%
达特茅斯学院	22385	2178	9. 73%
加州理工学院	5225	628	12. 02%
宾夕法尼亚大学	31659	3880	12. 26%
杜克大学	29689	3739	12. 59%
芝加哥大学	21773	3446	15. 83%
康奈尔大学	36392	6534	17. 95%
西北大学	30975	5575	18. 00%
约翰霍普金斯大学	19388	3550	18. 31%

以上学校每年在中国大陆的招生人数：康奈尔、西北大学约 50 人左右，芝加哥、杜克、布朗大学约 25 ~ 30 人，宾夕法尼亚大学约 20 人，其他大学约 5 ~ 15 人。而且这些招生人数每年基本上没有大的变化。就是说，随着越来越多的中国高中学生报考美国名校，每年竞争的其实就是这几个屈指可数的名额。当然有些公立大学，由于经费短缺，为了创收，不断增加国际学生特别是中国学生的招生数量。

SAT 是什么

SAT 全称 Scholastic Assessment Test（学术能力评估测试），由美国大学委员会主办。SAT 成绩是世界各国高中生申请美国名校学习的重要

参考。可是我们私底下称 SAT 为 Stupid American Test（愚蠢的美国测试）。

SAT 让我联想到巧克力，为什么这么说呢？容我慢慢道来。有谁会认为学习 SAT 是一种享受？反正，在我看来，那是一种折磨，它有八股文一般的格式，深奥难懂的单词，不知所云的阅读……当我一看见 SAT 练习题上面密密麻麻的生词，就反射性地想吃巧克力来缓解紧张。一年下来，巧克力吃了一盒又一盒，SAT 的考分没有多少长进，体重却明显增加。好久不见的朋友大吃一惊，对我说："你怎么长胖了？"我唉声叹气地告诉她："没办法，我正在培训 SAT……"

SAT 是高消费。首先报名费 49 美元；如果你要更改日期交 25 美元；如果你要预订分数报道交 18 美元；如果你要发送成绩，好了，每个学校 10.5 美元；如果你是美国本土以外的学生，交 29 美元的国际处理费。别着急，还有备用费、电话费、真题费、一期又一期昂贵的培训费……当你的肚皮因为巧克力而以正无穷大的斜率扩大时，你的钱包因为各种费用也正以负无穷大的斜率缩小。

SAT 是不公平。作为加拿大高中生，我们有时抱怨：美国本土每年举办七次考试，而我们只有六次。可作为一个加拿大高中学生，我们又常常感到幸运。因为我们赴考，只需周六早上早点起来，乘车 15 分钟左右，就可以到达考场。我在中国的同学却要千里迢迢到中国大陆以外的国家或地区，比如：中国香港、中国澳门、新加坡、韩国等地赴考。他们要提前一个月以上预订机票、宾馆。还有许多的考生家境贫困，没钱买培训书籍，没钱交付报名费，更没钱参加培训。很显然，他们从一开始就被排除在 SAT 的竞争之外了。

什么是 SAT？SAT 的过程就像你明明尿急，却不让去厕所，只能祷告上帝考试快快结束；SAT 是小心翼翼，一小口一小口地喝水，然后在考试结束后完全脱水；SAT 是在近四小时内都绷紧你全身的肌肉，不间断地移动手中的铅笔；SAT 是将文章格式化然后重复同样的格式一千次；SAT是背诵一堆稀奇古怪的单词然后在考试后把它们丢到地下室；SAT是花钱买罪受；SAT是“所有人都不平等”；SAT也是……有个正当理由去大吃特吃巧克力了。噢，我终于看到SAT的好处了。

附：

What is the SAT?

It is madness – making. It is brain – damaging. It is physically – challenging. It is appetite – indulging. It is fat – generating. It is time – consuming. It is money – draining. Yet, it is also life – determining and so – called success – measuring. It is the SAT. While it is, in theory, the Scholastic Assessment Test, it is, in fact, "the Stupid American Test".

The SAT means chocolate. The College Board must have been in collusion with the chocolate industry. It has been said that chocolate can improve your test scores, and thus chocolate is associated with the SAT. Whenever a study proves this to be true, the price of chocolate goes up – and the demand mainly comes from our desperate SAT – takers. Chocolate helps you focus; you need it for that four – hour long exam. Even the SAT admission tickets tell you that "snacks to eat during breaks" are one of the "requirements for test day". You go to Safeway and buy three boxes of chocolate bars before each practice test. You gorge yourself with at least one bar during each break. Each time you finish writing the test, you stride out of the test centre as if you had accomplished a great triumph. But when you get home and weigh yourself, you are immediately defeated, crying, "Why have I gained another ten pounds from SAT studying!"

The SAT means money. The College Board website notes, "Taking the

SAT is an important step in applying to college and making college dreams a reality." Not only that, making students to take the SAT is also an important step in earning profit and making business dreams a reality. When you register for the test, you pay a $49 registration fee. When you change your mind and decide to switch your test date, you pay a $25 change fee. When you order your score reports, you pay an $18 answer fee. When you send your scores, you pay a $10 fee for each additional school report request. If you are a student outside the U. S., you have to pay a $29 international processing fee. And don't worry; there is more: late fee, standby fee, scores by phone... This sneaky corporation, namely the College Board, has many ways to get your money and many ways to make its dreams a reality. But you, my dear fellow to-be bankrupt, not only need to pay the College Board, but also need to buy thousands of SAT prep books or attend expensive regular training sessions. As your belly expands exponentially (because of chocolate), your wallet shrinks with a slope of nearly negative infinitive (because of all these payments).

The SAT means unfairness. You and I, as miserable Canadians, are only offered the SAT six times a year; American students have seven. This is not fair. You and I, as lucky Canadians, can take the test at our local high schools with only a fifteen-minute drive; Chinese students have to fly to foreign countries such as Hong Kong, Singapore, or South Korea at least one day before the test - simply because the SAT is not offered in mainland China. They book hotel rooms months before the test, wait for the cancelled airlines anxiously, and squeeze into the test center along with other countless test-takers. This is not fair. You and I, unlike those living below the poverty line, are able to afford the expensive SAT prep books and training classes; students from low-income families can only collect used books that others no longer want. They can only study by themselves. They cannot afford to take multiple tests to improve their scores as we usually do. They cannot have the same access to the same resources we have. This is not fair.

The SAT means holding your pee and praying that the break will come soon. The SAT means sipping water very cautiously and becoming dehydrated after the test. The SAT means straining your muscles and moving your pencil non-stop for four hours. The SAT means formularizing your essays and repeating the same formula a thousand times before the test. The SAT means memorizing abstruse vocabulary words day after day, then dumping them in your basement and never using them after the test. The SAT means wasting your money to buy four hours of suffering. The SAT means that only certain people enjoy the privileges. The SAT means that "all men are created unequal" and that "many children are left behind". The SAT1 means a dramatic disparity in scores by income, gender, and ethnicity. But the SAT also means having a legit excuse to eat chocolate. Oh, only now I see a point in taking the SAT.

爸爸手记

面对考试，不论在国内还是国外，都有一个有趣的现象，那就是琳琅满目的考前补习班和培训机构。看来，只要是考生，不论到哪里都逃不出上补习班的宿命，你也抱着书匆匆地加入了他们的队伍。

其实，补习班还是有它的益处的，它能让你感受到那种紧张的气氛，也让你结识了同一战壕的战友，并向他们学取了许多经验，但在各个SAT培训机构和补习班学了一圈后，你的SAT再难有新的突破，仿佛遇到一道死结，怎么解也解不开。不过，就算你在极度憎恨SAT的时候也没有灰心，还不忘自嘲一番。这篇《SAT是什么》，用诙谐的手法来调侃对外界披着神秘色彩的SAT，用直白的语言让我们明白了什么是 SAT，文笔极具外公的那种幽默风范。

留学攻略

中国考生备考 SAT 考试的时间一般不会少于三个月，很多考生都会把战线拉长至一年甚至更长，对于正在备考或者开始备考 SAT 的勇士们，想要在这样长的时间内坚持备考，就要求考生必须具备一个良好的心态。这就要求我们：

首先，在备考 SAT 的时候，一定要将对自己的要求放高。“求其上，得其中；求其中，得其下；求其下，必败。”如果想要在任何一个考试中取得一个好的成绩，那么就要求考生一定要把目标定得高，而不能仅仅局限在这个考试的要求分数和范围。SAT 考试和国内对知识性考查的考试不同，对能力尤其是逻辑思维能力上的要求更高，更需要考生在备考时积累更多的知识，对自己有更高的要求才能笑到最后。

其次，在能力与考试技巧的权衡方面，一定要将重点放在能力的提升上面。能力的提升有短时间和永久性之分，第一种就是突击训练，应用在考试中就是突击式复习，这种做法虽然能力可以大幅度提高，但持续时间很短，并不能长久的胜利；第二种就是抬高自己，在日常学习中脚踏实地一点一滴地积累能力，这种提高能力的方法才是长期受益的。

最后，做好长时间备考的心理准备。一旦决定开始准备 SAT，就意味着踏上了一条艰苦的道路，尤其是准备背诵单词，更是一项痛苦的差事，也是极度枯燥乏味的。但是“痛苦正是那破壳而出的悟性，就像果核必须破壳而出，才能享受阳光”。

推荐书目

《我比别人更认真：刻意练习让自己发光》，Geoff Colvin 著，天下文化出版社。

SAT 的前世今生

SAT 在 1926 年首次出现，自此这个考试的名字有过几次变更。最开始，SAT 是“学术倾向测试”（Scholastic Aptitude Test），后来又改称“学术评估测试”（Scholastic Assessment Test）。它的中文名称为学术能力评估测试，由美国大学委员会（College Board）主办。SAT 成绩是世界各国高中生申请美国名校学习及奖学金的重要参考，在申请美国大部分大学时都是必须提供的。此外，SAT 也用来作为授予奖学金的参考指标，有时也被用来辨别 13 岁以下高智商儿童。

现阶段进行的 SAT 考试的形式是从 2005 年 3 月开始的。SAT 考试总时长 3 小时 45 分钟。2012 年下半年开始报名费用为：美国本土 50 美元，国际报名 81 美元（如果超过报名最后期限补报则需要加钱）。在 SAT 中，总分介于 600 ~ 2400 分，由批判性阅读（Critical Reading）、数学（Mathematics）和写作（Writing）三部分各 800 分加和而得。

SAT 又分为 SAT1 和 SAT2 两种，SAT1 主要测验考生的写作、阅读和数学能力，每部分满分是 800 分，总分是 2400 分；Subject Test（即 SAT 学科测试），俗称 SAT2，每科满分为 800 分。一般来讲，SAT1 成绩是进入美国排名前 50 的学校所必须准备的，而且很多学校是有单项的分数要求的。SAT2 成绩则是在美国部分顶尖大学才会要求，一般排名都在前 20。所以，一般来讲，考生需要参加 SAT1 考试，而 SAT2 考试，则需要考生根据自己的目标学校的要求准备。

SAT 考试在每年 3 月、5 月、6 月、10 月、11 月和 12 月的第一个周六以及一月的最后一个周六举行。其中，每年三月的考试仅在美国举行。考试时间是上午8点开始，大约到下午1点结束（各个考点休息的情况不同，故时间有差异）。中国大陆没有考点。一般来说，亚洲的中国香港、中国澳门、中国台湾、新加坡、日本、韩国等地都设有考场（除每年3月），大陆考生可以选择在这些地方进行考试。

第二章　不是一个人的战斗

和 SAT 的仇与缘：学会自我暗示

回顾过去，SAT1 的学习过程对我而言是痛苦而幸福的。用一句话总结我与 SAT1 结下的仇与缘：怕过、恨过、逃避过，却又想过、爱过、欢喜过，有道不尽的喜怒哀乐，也有诉不完的悲欢、惆怅和遗憾。

最初接触 SAT1 的时候是在九年级，我们都完全不知它是何方神圣。查了资料才了解到，SAT1 考试总时长 3 小时 45 分钟，考试内容包括阅读（Critical Reading）、写作（Writing）和数学（Math）三个科目。当时，带着感受的心态胡乱做了一套模拟题，觉得对付数学部分易如反掌，写作部分也还能应付，可是阅读部分却大多都是连蒙带猜，经常连文章的主题是什么都不清楚。因为刚来加拿大，英语水平有限，学 SAT1 更找不到北，所以搪塞一番就为自己找到逃避它的借口了，可是它却让我心有余悸。在后面的几年内，我依然怕着、恨着、逃避着，不愿花时间在 SAT1 上。即便其间断断续续地参加过一些补习班，也都是三天打鱼，两天晒网。到了十、十一年级，重视 SAT1 的同学每天放学后都匆匆忙忙地跑去补习班培训了，而我却热衷于义工、组织社会活动，排练舞蹈、音乐和自学其他校外课程，还固执地对 SAT1 持有偏见，认为它古板、无趣、费时，只不过是机械地重复，对培养学生的能力和提高知识没有什么帮助。爸爸和妈妈总是眼睁睁地看着别人的孩子都已经在SAT1上取得了不错的成绩，急得像热锅上的蚂蚁。妈妈时不时用四川方言点评我：“早不忙夜心慌，半夜起来补裤裆。”至今，每次想到SAT1的最终成绩，我都会咬牙切齿地想：如果，我早一点醒悟，提前起床“补裤裆”的话，也许还能更好……可是，已经没有了如果。

我记得学姐雪雯总是语重心长地说：“SAT1是申报大学的重要参考。不管你喜不喜欢它，你都必须做好它，要做好它，你首先必须喜欢它。”我知道这就是爸爸常教育我的——做一件事情要善用自我暗示。

于是，我每天用暗示法，对自己说十遍“我喜欢SAT1”并在纸上列举出学习它的好处，想象攻破它时的喜悦心情，反过来，也想：如果我的SAT1过不了关，就如同没有买到去理想大学的入场券，申请表上的其他材料再好也是徒劳。招生官也许看都不会继续看了。

我曾经一直希望自己除了拥有在中国八年的学习经历，还能接受西方教育，特别向往大学期间有机会在美国著名学府深造。现在有了机会，想想自己的梦想，怎能犹豫不定，半途而废呢？俗话说：“山不过来，我就过去。”如果认为SAT1古板无趣，那是因为我还没有享受到其中的乐趣，只有先改变自己，才有可能改变我和SAT1僵持的现状。

爸爸手记

在SAT的学习过程中，绝不仅仅是拼智力、拼体力那么简单，非智力性因素在此中也占有举足轻重的地位。当你流露出对SAT的排斥状态时，我心里很是焦急。但是，我不能直接地表达出来，更不能生硬地强迫你去学习，因为一切外来的压力都不是真正调动学习的动力。只有自发自动地去做一件事情，才能给人带来真正的乐趣。

怎样才能让你自己主动学习呢？考虑过很多种方法之后，我决定让你学会自我暗示，调整自己的学习心态，用积极的态度来面对SAT。于是我经常有意无意地跟你聊起你在国内的学习成绩，和你一起回忆当初你对舞蹈的坚持和现在的成果，以及你组织的一个个成功的活动等。所有的这些，都是为了给你灌输暗示的作用，让“放弃、不可能、办不到、没法子、有问题、行不通、没希望……”这类愚蠢的字眼从你字典里彻底消失，让“我能行、我能赢、我是最优秀的”这类字眼紧紧陪伴你身边！让你认识自我暗示的力量，并能运用到学习中。

功夫不负有心人，渐渐地，在我的影响下，你对 SAT 的认识更全面，心态也越来越端正，也就有了学习的动力。可喜的是你的内心慢慢从排斥 SAT 变为享受其中。通过这件事我们不但深刻体会到了暗示教育的奇妙作用，更让你学会了自我调整的能力。这些收获比考 SAT 本身有着更持久、更深远的意义。

为了攻克 SAT 这道坎，刚开始，我们制定了详细的学习时间表，虽然严格地按照表上的计划学习，但却收效甚微，成绩并没有显著提高。看着倒计时表一天天被划掉，我们都很心急，难道就没有更合适的方法提高 SAT1 的成绩吗？难道是我们的方法有问题？认识到这一点后，我们开始分头向朋友和同学请教经验，其中你的 Selina 阿姨给了我们衷心的建议：“报考是一家人的事情，是一个集体的运动，需要大家一起齐心协力。”听闻此言我们犹如醍醐灌顶，之前我们只是给你创造学习的条件和环境，并没有真正参与到你的学习中，受到启发，你紧锁着眉头环顾四周，然后停留在我的脸上。

“爸爸，你来协助我！”你好像找到了解结的办法。

“爸爸是学俄语的，到了温哥华才学了几句英语对话，应付一下基本生活还勉强，协助你的 SAT1……”我当时说话吞吞吐吐，但是心里却已经明白该如何了。

“你看，我在培训班里已经掌握了一些技巧。我做真题时，你模拟监考老师，帮我用秒表计时没问题吧；考后，你帮我对答案没问题吧；你还可以帮我挑出错题。对了，帮我抄单词卡，这样，我可以节约大量的时间。只要你参与进来能做很多事。最重要的是，从此以后我不再孤军奋战，你和妈妈的参战会令整个过程更具意义。”

说完，你的小手紧紧地握住了我的大手，也牵出了不会英语没有任何美国大学申报经验的我们的信心。这是一份怎样的信任？

看着你坚定的眼神，我和你爸爸心里不但被点燃了久违的斗志，更充满了沉甸甸的责任。你的话虽然简洁，却透出了你的倔强、你的不甘和不服输的性格，我竖起了大拇指，有些激动地对你说：“好样的，愈挫愈勇！”

爸爸的祖籍在中国西北，家里祖祖辈辈都是农民。我小时候常常饿着肚子，穿着一双破布鞋过一条河、翻一座山，走十多里弯弯曲曲的山路才能到学校。特别是到了冬天下雪的时候，在厚厚的雪地里走久了，脚上的布鞋经常冻得像冰块。好在教室里有一个小煤炉，同学们轮流着烤烤火。每天午餐是一小块家里带来的高粱或玉米馍。我明白唯一能改变现状的就是学习，于是他立志要好好读书，改变家里一穷二白的贫困面貌。

爸爸 17 岁就考上了大学，成为村里第一个应届高中毕业考上大学的学生，21 岁时考上了中科院的研究生，原本打算在毕业后上冰川搞科研，却被一个每天都在地图上寻找我踪影的姑娘（就是你妈）拖下了水，下了海。

下海后，有过失败，经历过困惑，慢慢又找到了出路。当企业做得风生水起、物质生活无忧时，又面临我们未来的生活定位和你的教育发展问题。

出国，是你的选择，也是你妈妈的选择。虽然在初次听到你的决定的时候，我是那么的忐忑不安，因为这个决定完全超出了我对你的教育计划。在你成长的问题上，我一直是保持着“开放”的心态的，这也就形成了你自信独立的个性。既然你说国内或是国外都一样是辛苦读书，去资源更多条件更优秀的地方有利于你未来发展，作为父母，其实最大的责任就是协助孩子成就她的未来，在你为自己美好未来努力的时候，爸爸妈妈更会全力以赴。在整个过程中，爸爸因为工作没有太多的时间来顾及出国的相关事宜，虽然处于被动的角色，但为了你的前途，还是顺从了你们的决定。这几年从中国到加拿大的奔波，我成为了温哥华空中飞人大军中的一名成员。经过几年的适应，我已经从最初的无所适从变得习惯了，为了能陪你吃晚饭，为了能接送你参加各项活动，为了分享你的每一点进步，更为了给你加油打气，我留在温哥华的时间也越来越多。

虽然嘴上有些推脱，其实我心里早就答应你了。这对我来说是可一个巨大的挑战。宝贝，你不觉得自己从小就会运用身边的资源吗？

在此之前，我和你妈妈一直为自己不会英语而苦恼，为帮不上你的忙而不安，为不能控制结果而困惑。你好像看出我们的矛盾和焦虑。其实，在孩子申报大学的过程中，父母也需要帮助。由于我们太多关注你，而忽视了自己，而我们情绪上的不稳，又可能带给你负面的影响。你发现：我们做父母的也需要孩子来帮助。

于是，你同我们沟通，让我们了解你的感受，凡事同我们商量，是让我们知道你的进展。你给我们分配任务，你说：没人比父母更了解更关心自己的孩子了。其实，你是给我们机会，让我们加入到你申报美国大学的团队里去。你的重大决定，比如，最终选择学校，写论文，致电招生处，安排面试时间等等，你都自己来做。你分配我们记着学校申请的截止日期，比较各个学校的课程等等。整理你的活动表等。看见你有条不紊的安排，我们心情稳定了，任务清晰了，也变得从容了。

有了爸爸妈妈的加入，你的斗志更强了，你和我说："爸爸，这次我一点都不怕了，俗话说'上阵要靠父子兵'，现在我们可是'家庭团队'，定是攻无不克，战无不胜！"这时候在我眼中，考不考得上不那么重要了，重要的是你能如此细微地体谅父母，能够如此从容地面对人生，能够如此坦诚地面对自己的渴望。

SAT1 写作：是什么阻止了我的进步

十一年级的暑假，我的大学申报和 SAT1 考试都进入倒计时。在九年级时，我和别人用英文交流还磕磕绊绊；到了十一年级，英语老师已经常把我的文章当作范文在全班朗读。那时，我的阅读能力和 SAT1 阅读部分的测试分数虽然已有明显进步，可是和理想分数还有距离。

我和我的“小团队”曾常常分析，究竟是什么阻止了我的进步？

首先，我在单词部分常常会有差错、容易失分，是因为对很多单词一知半解。于是我们决定先从复习单词入手，拿下最容易的部分。

其次是 SAT1 的写作部分，我认为写作需要练习和积累。SAT1 写作包括一篇 25 分钟的作文和 49 道语法选择题。其中，语法选择题又包含三种类型的题目：改进句子，挑选错误和短文改进。对我来说，语法选择题部分较为容易。

为了复习改进句子及挑选改错，我通常先把辅导书上的各类语法温习一遍，练习时发现，在一些生僻的俚语方面错误较多，其他语法题目都是围绕固定的几个概念，万变不离其宗。由于不断地做练习题，不断寻找错误原因，写作部分变得越发容易。我力争做到语法题全对，以确保写作部分可以得到高分。

相较于语法，作文对我来说是比较有挑战性的环节。首先因为时间限制。我们考生们必须 25 分钟内写一篇文章，还需具有鲜明立场、清晰论点、连贯逻辑，体现出色的判断思维、深厚的文字功底，运用恰到好处的事例，包含有说服力的论据。SAT1 作文由两个老师改卷，每位老师的评分范围为 1 ~ 6 分。所以作文总分是 12 分。为了解评分标准，记得当时我仔细研究了 College Board 公布的 6 分作文的评分依据：

①Effectively and insightfully develops a point of view on the issue and demonstrates outstanding critical thinking, using clearly appropriate examples, reasons and other evidence to support its position;

②Is well organized and clearly focused, demonstrating clear coherence and smooth progression of ideas;

③Exhibits skillful use of language, using a varied, accurate and apt vocabulary;

④Demonstrates meaningful variety in sentence structure;

⑤Is free of most errors in grammar, usage and mechanics.

写作部分的训练我有这样的体会：写 SAT1 文章不需要追求独到的创作和新颖的视角。这样的定时作文，结构固定，类似八股文，很有可能抹杀学生的创作力，但它也可以培养学生的应变能力、知识量和写作速度。

我所看过的 SAT1 范文，有些使用两个事例，有些使用一个事例。经过一段时间的训练后，发现写作文时如果使用一个事例，时间显得非常仓促，常常没空完成结尾。反而使用两个事例时我会变得比较从容，于是就决定采用了两个事例的作文形式。

在准备过程中，我认为要写好 SAT1 文章必须做到两点。

首先，不停地练习，确保在规定的时间内完成，杜绝超时。文章部分只有 25 分钟的读题及写作时间。通过不断地训练、观察与总结，我对文章的构思、开头、事例、结尾做了这样的安排：思路 2 分钟、计划 3 分钟、开头 3 分半钟、第一个事例 7 分钟、第二个事例 6 分半钟、结尾 2 分半钟以及半分钟的复读。当然，这只是我个人的写作方式，对于时间的安排应该因人而异。

其次，要让自己的知识储备充足。我订了《时代杂志》（*TIME*）、《经济学人》（*The Economist*）、《国家地理》（*National Geographic*）等有影响力的杂志。这些杂志里面的文章大都精简、文字精准、观点明确、时事性强、信息面广，对提高 SAT1 的写作有极大的帮助——既能学习语言，又能积累素材。我坚持每天阅读，不断地学习那些杂志文章及其他作文范文，找不同领域（如社会、文化、政治、科学、环境、人类等）的典型事例。在阅读的同时，我列了个表，将自己阅读过的书籍、杂志、重要人物故事、当今时事、历史事件甚至自身经历等整理一遍。我整理出的表格里包括这些素材可用的具体细节与主题大意。同时我也将我所遇到的所有写作题目做了个总结归纳，并列出每个问题牵扯到的我所知道的素材。考试前，我对自制的“知识库”认真复习，以便在监考官开始计时之后，能将积累的素材信手拈来、运用自如。我觉得这种方法让我很受益，最后考试获得了 790 分（满分 800）。

爸爸，虽然你的文学水平嘛，有待提高，但是你曾用二十个字精准地为我总结了写 SAT1 文章的要点：题意明确、善用小词、使用短句、结构完整、管好时间。

爸爸手记

除了你提到的几点，我认为在 SAT1 的数学科目上还有提高的空间，爸爸当时总结出了应对数学的“十二字方针”：找出错误、分析原因、解决问题。

具体来说，SAT1 数学部分共 44 道选择题和 10 道填空题，允许使用计算器。你在国内上到初二，有了一些数学基础，这部分对你来讲相对容易，并没有耗费你多少时间和精力。但你也不敢掉以轻心，依然认真复习、做模拟题。但是，我考虑到全面的复习和做题会耽误你太多时间，就试着先把你测试的错题找出来（如图 1 所示）。应用电子词典将错题归纳分类，看是哪些概念、哪些知识点、哪些章节你没有掌握或不太清楚。再根据中文的书籍和资料一起分析、讨论，直到你彻底明白。

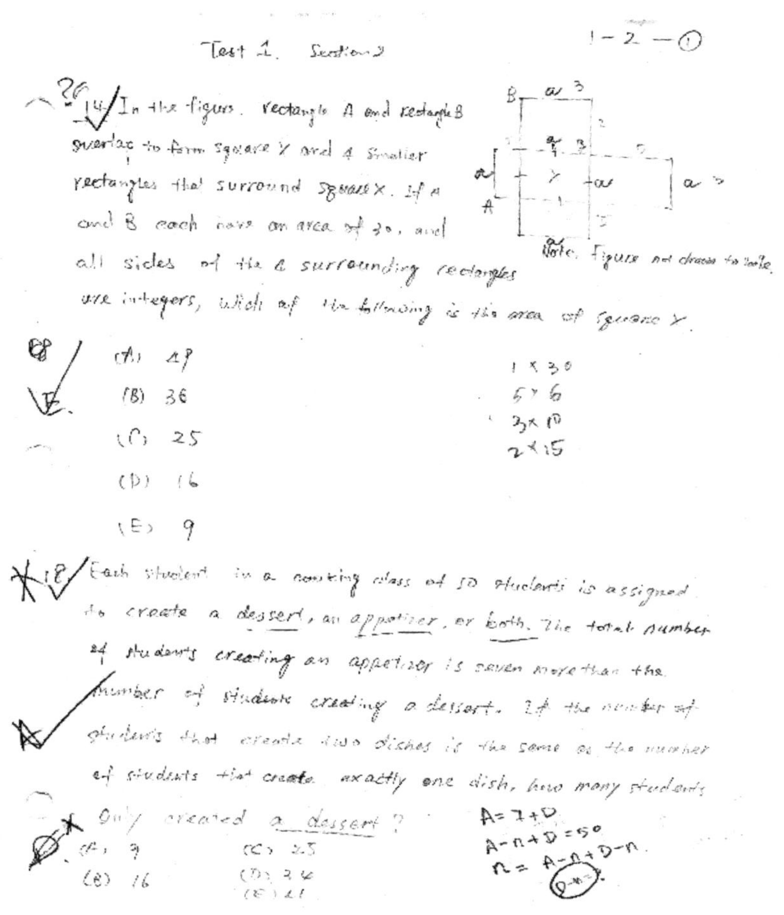

Test 1. Section 2　　1-2-①

14. In the figure, rectangle A and rectangle B overlap to form square X and 4 smaller rectangles that surround square X. If A and B each have an area of 30, and all sides of the 4 surrounding rectangles are integers, which of the following is the area of square X.

Note: Figure not drawn to scale.

(A) 49
(B) 36
(C) 25
(D) 16
(E) 9

1×30
5×6
3×10
2×15

18. Each student in a cooking class of 50 students is assigned to create a dessert, an appetizer, or both. The total number of students creating an appetizer is seven more than the number of students creating a dessert. If the number of students that create two dishes is the same as the number of students that create exactly one dish, how many students only created a dessert?

(A) 9　(B) 16　(C) 25　(D) 36　(E) 41

A=7+D
A−n+D=50

图1　找出错题

事实证明这种学习方法直观、简洁、效率高，通过系列的测试、找错、解决问题，最后你的数学成绩已经能稳定在满分附近。

另外，写作一直是你的强项，从幼儿时期的第一篇儿歌，到现在的《海岸视角》专栏，从懵懂到成熟，从中国到加拿大，你一直没有放弃写作。你坚持用文字述说，用文字与自己的心灵对话，每一段文字都是你对生活的用心感悟。虽然你的文字功底很强，但是考试的写作与平常的写作有别。

首先，考试时间是紧迫的，没有给你足够的思考和选择体裁的时

间。这就考验你平时的阅读积累和过硬的文字把控能力，在最短的时间里确定自己要写的文章内容和体裁。

其次，SAT1 考试的文章永远不是抒情文、记叙文或者文学作品，而是议论文。它是表现一个学生逻辑思考、思想深度以及行文结构表达方式的载体，所以，重要的不是你的句法、词汇，而是你的思想、结构。

最后，在 SAT1 考试的文章中，要避免长句善用短句，注重细节刻画和现实中社会热点事件的案例引用。长句很容易出现语法错误和意思表达不准确，而短句更加清晰，准确，若再加上恰当的案例更能体现出你的写作技巧和表达能力。

在认清这几个要点之后，我们备考 SAT 写作考试的时候就有章可循。掌握了这些 SAT 写作技巧，对于考试文章，我们就可以在内容和结构上更加详细、有针对性地进行准备了。这样的话，考生才能确保自己在更短的时间内写出出色的 SAT 作文来。

SAT1 阅读：爸爸帮我制作单词卡

制作单词卡是记单词的好方法，爸爸买了几十打单词卡。我把 *Barrons*（《巴朗 3500 SAT 词汇》）这本辅导书上的 3500 个单词全部背了一遍，划掉已经熟悉的单词，留下没掌握的，拜托他把剩下的单词从书上抄写在单词卡上。爸爸虽然不懂英语，但是几千个单词，都是一个一个帮我抄好，没有错过一个字母。每天晚上，我在楼上挑选单词，他就在楼下把我挑选出的单词抄在单词卡上。外面一片漆黑，很多人家都关灯休息了，我们家里却仍然灯火通明。

两个多月里，爸爸帮我抄写了厚厚的一摞单词卡，而他握笔的中指却磨出一个大大的茧。看着那个茧在爸爸的指头上倔强地鼓起，我不知道该怎样表达自己的感激之情，只能通过更加努力学习来回报他。

接下来的时间，我每一天复习一打单词卡，每打单词卡一天都要温习好几遍：第一遍先熟悉所有生词和意思，第二遍把已经背下的单词抽出，第三遍复习剩下的和还不明白的单词，同时继续抽出已经掌握的，以此类推。当天剩下没掌握的单词，就同第二打生词卡放一起继续复习。单词卡随身带着，参加活动的路上，我抽出来记几个；学校开会前，我看一会儿；等车时，我再检查一篇……如此下来，做 SAT1 模拟题时，我的单词部分常常全对。由于单词在阅读部分占有举足轻重的位置，我的阅读分数一下子升了起来。

有一次在历史课的课堂上，老师为了扩展知识面，给了一篇古文让我们阅读。大家一看，古文里面夹杂着各种古怪的生词，都懵了，而我微微一笑，因为它们都曾出现在爸爸抄过的单词卡上，早已是我的老朋友了。我流利地回答了老师的所有问题，尝到了学好 SAT1 的甜头。

爸爸手记

阅读是你 SAT1 学习的拦路虎。这部分包括 19 道题的单词选择，以及 48 道理解分析，其中有短文、长文及对比文。相对写作和数学，阅读让你花费了很多时间、你也付出更多的心血和努力。

面对这只拦路虎，我们经过仔细分析发现：单词选择部分主要是考查词汇量，这方面失分很明显是你的单词词汇量不足；文章选择题主要考查推理判断能力，按自己的主观意愿理解，往往造成大规模的失分。找到了问题关键点，我们决定是从从词汇量和客观理解两方面攻坚。

（1）你是这样突破单词的

SAT 考试阅读部分的词汇，要求能根据上下文或其他线索判断单词的释义，虽然不需要与文章涉及的相关专业领域的专业知识即可做题，但是，掌握一定的专业知识对解题的帮助很大，所以我们一定要掌握这些常见的专业词汇的。

如何才能在短时间内扩展SAT的词汇量呢？检查你做的习题集和SAT1书后，我们发现有些单词反复出现而且常常出错。因此，在备战SAT阅读项时，大量的练习是围绕着“猜测词义”这一技巧进行的，此外就是背SAT词汇表。

其实SAT考试中所涉及的词汇有些虽然古怪但数量并不很多，而且会反复出现。大量背诵SAT词汇表，是提高单词阅读部分最行之有效的办法。解决方法找出来了，剩下的就是努力坚持了，于是你让我把每本SAT1书后的单词制作成单词卡（如图2所示），分别把词性和用法写在一张卡纸的两面。走路背、坐车背，一有空就拿出来记单词。有时一天能记两百左右的单词，在爸爸眼中，这是个很难做到的事情，但是你突击的两个月里，做到了。没有记牢的单词，你挑出来，放到第二天的生词里，继续重复着机械而单调的背单词的动作。

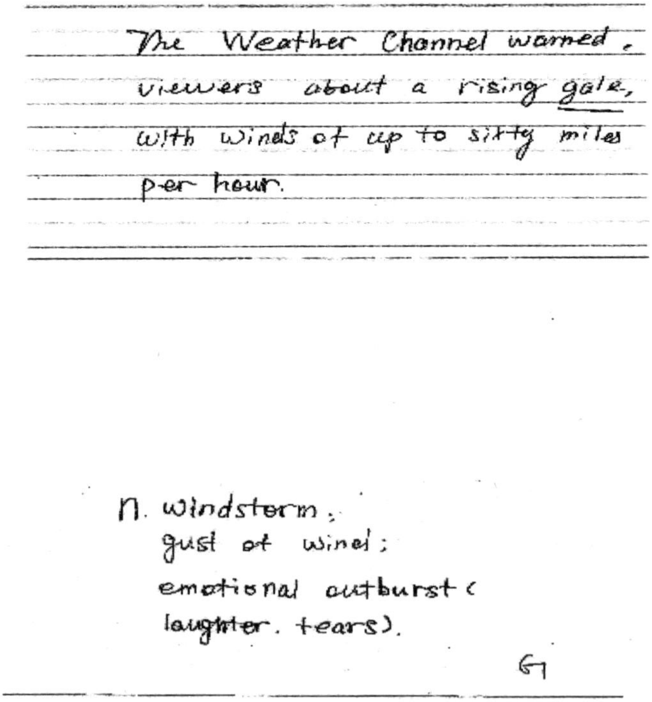

The Weather Channel warned viewers about a rising gale, with winds of up to sixty miles per hour.

n. windstorm;
gust of wind;
emotional outburst (laughter, tears).

G

图2　爸爸制作的单词卡两面

一味地盲目背诵效果并不好，你同时还用单词造句，让新单词用自己的语言来表达，不但加深了记忆，写文章也能手到擒来。对于你已经记住的单词，隔段时间，我们都会复习，重复记忆（如图 3 所示）。就这样经过了两个多月的时间，你竟然可以把 SAT1 中阅读部分的 19 个单词全都做对了。

8.8.

1	apotheosis	deify ✓
2	abrogated	repeal a law ✓
3	bromides	trite ✓
4	bevy	group ~~of ppl~~
5	beleaguered	annoyed ✓
6	brusque	abrupt ✓
7	bilk	steal ✓
8	choleric	bad-tempered ✓
9	clandestine	secret ✓
10	contingencies	might happen (impossible ✗ possible
11	calumny	slander ✓
12	demagogues	appeal to ppl ✓
13	disseminate	spread ✓
14	denigrate	belittle ✓
15	desiccated	make dry ✗ dry lacking passion.
16	exemption	exception ✗ making free from duty
17	ensconced	settle ✓
18	exigent	pressing
19	extemporaneously	apocryphal ✗ no practice
20	gubernatorial	governor ✓
21	glutted	stuff ✓
22	imprecations	~~accusation~~ curse ✓
23	lassitude	weakness ✓
24	portentous	pompous ✓
25	mendacious	lying ✓
26	mercurial	erratic
27	nefarious	criminal
28	pusillanimous	coward ✓
29	polemical	critical
30	particularistic	relating to the interest of 1 group.
31	prevaricate	digress ✓
32	plaintive	sad ✓
33	quixotic	idealistic ✓
34	tenable	justified
35	tabula rasa	state of blank no preconceived ideas
36		
37		

图 3　爸爸整理的单词检测表

2. 推理判断题海战、读前不带己观念

SAT 的阅读之所以叫做 Critical Reading（被翻译成批判性阅读），是因为它不但考的是文章的基本理解力，更涉及一个人的人生观、世界观、价值观以及人的阅历等一系列问题。你是在国内长大，对西方社会、文化、政治、经济等诸方面的了解不多，和他们在思维方式上存在差异。我们即使能看懂每一个单词，也未必能读懂每一个句子，即便能读懂每一个句子也不一定能理解每一个段落甚至是整篇文章，所以常常对文章的推理判断有偏差。

比如有一篇文章讲这样一个情节：海面上乌云密布，岸边有条小船，岸上站着一个人。问这个人的心理想法。你说，此人一边观察着险恶的天气，一边想着怎样勇敢地冲出险境去探索。而最佳答案是天气险恶，不宜出海。其实我认为你的答案也没有错，因为每到暑假我们全家一起都要开车去旅行，有时翻山越岭、有时穿云过雾、有时要顶风冒雨，但都没有阻挡我们前行。所以这样答题也是情理之中了。可是文章作者的思路与你的想法并不一样，看来要解决这一问题，我们只有主动地分析题目背后的考官的出题思路和陷阱，构建一种 SAT 的考试思维，才能从根源上找出 SAT 阅读考点的规律。为找到攻克 SAT 阅读的关键，我们采取这样的方法：

在训练测试前，你试着将自己的脑海清空，以崭新的、空白的、不带任何主观意念的头脑去阅读。这样慢慢地，你做起阅读理解来就会越来越得心应手，不但分数有了进步，你的思维方式也一起发生了改变，变得更客观，更严谨了。

SAT1 阅读（长短文）：阅读文章如同参观新屋

尽管我的 SAT1 阅读的单词部分可以说是基本解决了，可是长短文章阅读还是我的“烦难慢”——烦恼，困难，进步缓慢。我浏览了各类辅导书和网站上的阅读技巧。比如，SAT 官方网站 College board 列举出了六个阅读小贴士：

第一，Manage your time（管理好你的时间）。先完成单词部分的问题，因为相对于长短文阅读，回答这些单词问题通常需要较少的时间。无论每道题的难度高低如何，比分都相等。

第二，Understand the Question difficulty（了解问题难度）。在单词填空部分，问题难度通常由易到难。在长短文阅读部分，问题难度不增加，但是问题的顺序符合文章逻辑。比如，前面几道问题一般都是关于文章的前半部分，后面的问题一般都是关于文章的后半部分。

第三，Reading carefully is key（仔细阅读是关键）。你要寻找的答案通常都藏在文章的字里行间，逐字逐句地仔细阅读可以帮助你寻找到正确答案。

第四，Let line numbers guide you（让行数成为你的向导）。很多问题会引用文章内容。这些题目会提供行数，告诉你问题节选的文章内容在哪个特定的行数里。比如，如果问题提供的行数是第 13 行，你一般都能够在第 13 行的前后 3～5 行里寻找到答案。

第五，Reading passages（关于文章阅读次序）。最好先阅读完一篇文章并且尽你所能完成你能回答的问题，再跳到下一篇文章。

第六，Stuck on a word（被一个单词难住怎么办）。此时最好的办法就是展开你的想象，回顾类似的单词有什么，将单词的词根、前缀和后缀都分析一遍。从我自身经历来看，如果前面的办法都尝试过了，这个单词还是无法理解，那就必须忍痛割爱，使用“弃卒”的手段了，否则后面更多也许更为简单的问题都没有时间解答。

可是，即便掌握了这些原则，我的阅读分数还是像头老乌龟，没有继续前进的迹象。一次，做完一篇长阅读文，我的答案有 80% 的错误，可是我还自以为答案都是对的呢！做题时还认为自己对这篇文章理解得很透彻！我很苦恼，于是就去问学姐雪雯怎么理解这道题。雪雯检查了我的答案，指着其中一题，问：“你为什么选择了C?”该题正确答案是D。“我觉得C是对的。”“你为什么觉得C对?”“因为……这是常理。”“作者的观点也有可能与常理不一致。”我思考了一下，说：“那我觉得C和文章大意有联系。”雪雯反问道：“你有什么证据证明C是对的D是错的?”她不断地启发我，引导我找出正确的答题方法。在训练SAT1阅读时，不应该有“我觉得”三字，而换成“此文作者觉得”。文章中的问题都是作者的想法，意在让考生从作者的角度去思考问题理解文章，而不是根据自己的主观想法武断地做出判断，所以做题时不应该将自己的主观意愿强加在作者身上，而应该在文章中找出证据来判断哪个是最佳答案。

我明白了：SAT1的阅读题就如同参观一所新屋。进屋前，你最好脱掉鞋子、换下大衣、摘下帽子、放下提包，只有不带自己的想法，才能真正地享受到设计者希望其作品带给我们怎样妙不可言的感觉。

在学习阅读的过程中，雪雯的不断启发让我不但改进了考试的技巧，还改善了思维的方式。

爸爸手记

面对着长短文章阅读这只“拦路虎”，我制定出“土洋结合、制作图表、寻找规律”这一套流程来提高你的阅读能力。

在这样做之前，我们已经针对SAT各个环节分数的提高采取了不同的学习方法，但我不知道这样的模拟训练，对于你的SAT1学习是不是在浪费你的时间，也不知道现在的方法是否可行。

于是，我用最土的办法把你每一次的阅读测试成绩绘制在手画的坐标图上，这样，不论你每一次考试分数如何，我们都能直观地看到它与以往成绩的对比位置。当训练次数逐渐增加，你的测试成绩（如图4所示）也在坐标图中呈现出缓慢有规律的波动上升态势，而且题目失误数目也减少了。看到自己曲折向上的走势图，你信心大增，说：“爸爸，看来你的土办法还是有点靠谱。”“哈哈，都是被你逼出来的！”我开心地说。

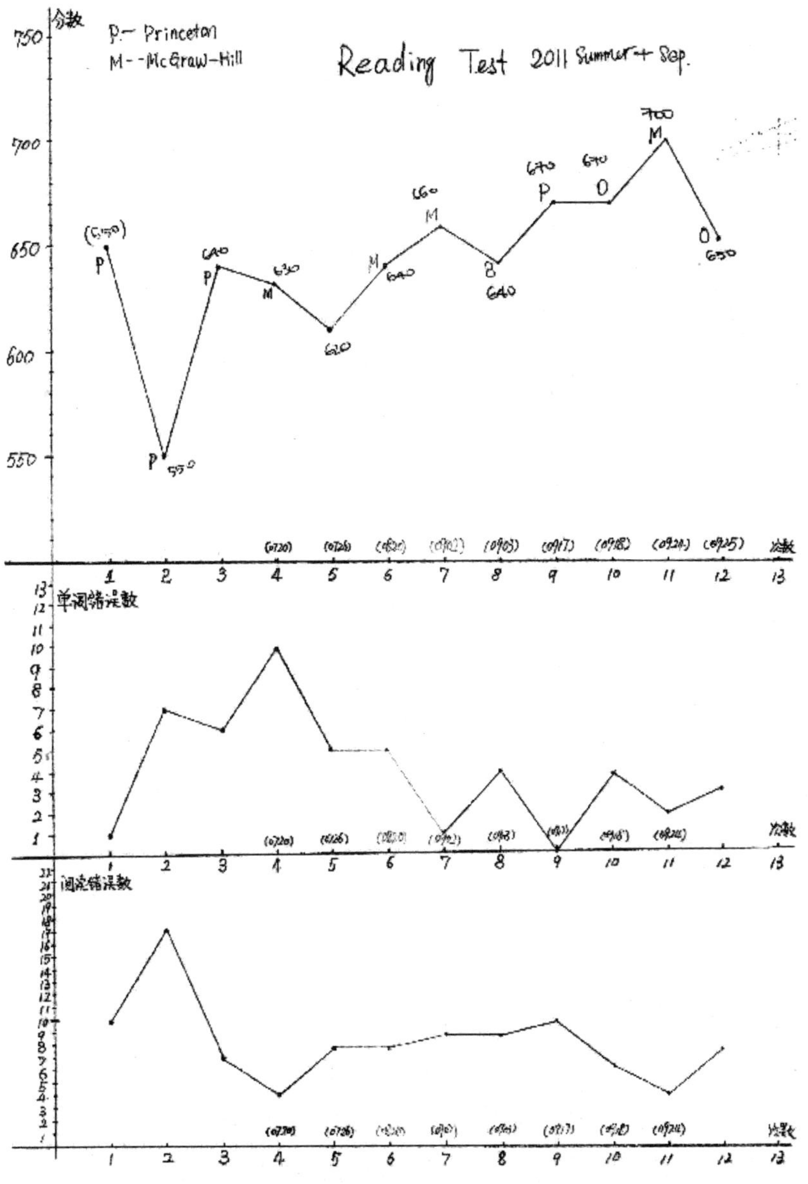

图 4 模拟测试阅读得分及错误随次数增加的变化趋势图

现在看来，当时这个图的绘制是很有必要的，它不但能够让你直观地看到自己的进步，更能检验出当时学习方法的正确与否，最重要的是通过这段时间的训练让你信心大增。

攻克 SAT1 的秘诀

有人认为出国读书可以逃过高考这一劫，实际上，我觉得，国外的十一年级和十二年级上半学期与国内高考的辛苦程度并没什么两样，甚至申报美国大学的高中生要具备更强的心理承受力、更大的自我约束力、更高的效率和更好的时间管理能力。这样，才能在确保成绩和完成各种标准考试的前提下，兼顾学校活动、才艺、校外活动，同时还要费尽心思写个人陈诉、填申请表格、回答各种形形色色的附加问题。

十一年级时，我选修的 AP 等课程比同年级其他同学都多、难，所以功课十分繁重。在校外，我自修了一些课程，其中包括 AP 课程，花了很多时间去自学自测，除此之外，舞蹈和琵琶等才艺都没有放下，继续参加演出和比赛，还拿了一些奖，每周一篇专栏文章，出席每周社区中心的青少年会议，参加各种校外的义工活动。学校里面，因为当选了学生服务委员会的委员和多元文化俱乐部的主席，自己又创建了俱乐部委员会并为学校撰写文章、组织活动。可以想象，那段时间里我就像旋转的陀螺一样，忙得不可开交。

生活是充实的，目标是明确的。可是，每次想到其他同学此时正在一起聚会聊天、在海边烧烤或者打沙滩排球，而我不是坐在书桌边，就是穿梭在各种各样的社会活动中，所有的假期都是在忙碌中度过的，仿佛没有轻轻松松地享受过生活，心里也会觉得不是滋味。是的，我也想和朋友们一起出去玩，也想有一个什么事情都可以不做的下午，也想能够随心所欲，也想踏实地睡上一觉，也想……望着 SAT1 堆积如山的参考书，密密麻麻的练习题，想着只要还没有翻过 SAT1 这座拦在我前面的大山，就觉得窗外的雪山、海湾和阳光，温哥华的美丽和休闲都与我无关。

有一次，我和雪雯谈论到一件件未完成的计划时，就开始莫名其妙地伤感起来，我对她说："累，很累。"雪雯安慰我，说她当初报考大学时也是这样，吃得苦中苦，方为人上人。雪雯的肺腑之言让我感动、反思，也为自己做得不够好而惭愧。说着说着，我就哭了起来。雪雯没有说话，只是陪着我流泪。我俩痛痛快快地哭了一场，直到后来眼泪流干了。我边哭边想，累，也许是成功的前兆，没有梦想，何来辛苦和劳累？忙碌，说明目标明确，说明自己正在实现梦想的路上，那不是应该开心的事吗？再说，有理解自己的知己，有共同奋斗的同学，有全心全意为我好的父母，有为梦想而痛苦和幸福的经历，相比那种无所事事、吃喝玩乐的生活，这岂不是另一种更有意义的生活方式吗？

雪雯说："你知道攻克 SAT1 的秘诀在哪里？在于聪明人肯下笨功夫。"

我破涕为笑，回答道："可我从来没认为自己聪明过，只好下笨上加笨的功夫了。"那一刻，我感到自己十分幸运。

转眼间，学习 SAT1 的时间所剩无几。在极度的后悔与惭愧中，我索性豁了出去：推掉了一些活动，手机总是处于关机状态，吃饭睡觉都想着 SAT1。在最后的冲刺阶段，我开始做模拟训练。令人开心的是，在模拟测试中我的阅读、写作、数学这三个科目都曾拿到了满分，开始出现模拟三科总分接近满分 2400 的情况。不过这时，我已经没有了时间来稳定这个分数了。

这段时间，我和妈妈，爸爸你一起学习、进步。你虽然不能给我讲解语法，也不能为我修改文章，但你利用我做过的 67 套模拟测试题建立了一套 SAT1 学习档案，制作了不同的图表、进行了系列的技术分析，制订了详尽的考试计划。爸爸，这些都令我对你刮目相看，不愧是个曾经搞科研的呢。

爸爸手记

在上面这个方法中，我印象最深的就是让你进行了多次漫长单调的模拟测试。整个测试过程由我全程陪伴，充当“监考老师”，经过前面一段时间的针对训练，SAT 已经被你化整为零的各个攻破了，你的每个部分的成绩都已经稳定，接下来的阶段就是要化零为整了。虽然你在每个部分都能得心应手，但如果进入正式考试肯定会打折扣，所以强化模拟测试的场景，严格按照考试的时间答题，训练正确的答题方法和熟练的答题技巧至关重要。

正式考试和平时训练的区别是时间的限制和紧张的气氛，模拟考试能让考生感受正式考试的氛围，为了更能接近正式考试，我们把家当成了考场，严格执行考试时间，环境气氛也力争模拟到和真考一样。

每次模拟测试，我都会做好测试记录，并建立学习档案，以便及时分析总结。对于模拟测试的时间，我们都是参照 SAT1 的正式考试时间进行的。你妈早上 6：30 准时做好早餐，我们是 8：00 预备，8：30 准时开始。测试过程的时间精确到用秒表计，并严格按照正式考试的时间执行。这些都是你告诉我的，我丝毫不敢马虎地记录下你测试过程中的每一个细节，唯恐漏掉任何一个可能引起你失误的细节。

测试时间一到，我马上叫停你的测试，即使你还没有做完题，也不给你宽容时间。而此时我的工作是，把你做的测试结果和标准答案逐一对照，标记正确与错误的答题，迅速统计测试结果。模拟测试的作文没有标准答案怎么办，你写的内容我也看不懂，我只能根据你写作过程流畅与否、时间把握的准确与否、文章结构完整与否、你写作时的神情状态来给你估分。而事实证明，我察言观色的直观估分对你还是靠谱的。

每场模拟后我们并不是只看重分数，而更关注你的失分和得分点，并为每个部分分析、总结。这样模拟测试才真正发挥出了它的作用，起到模拟考试的真正效果。

观察多次的模拟训练，我总结出你在正式考试时需要注意以下事项。

① 想好了再落笔。你写作文时常没有想好就写一长串，随即又擦掉重写，浪费了时间破坏了情绪。

②填答题卡要准确。我发现，你填写答题卡有时会打不满，在圈内留有空白；有时涂黑部分超出圆圈；有时没有做一题打一卡，而是做了几道题才去打卡，本来题答对了，可是卡却打错位了。一段时间的训练后，这些不该发生的小错误，你都不再出现。

③会做的题更不能出错。比如数学对于你来说相对容易，你通常都提前完成，有时稍有粗心或轻视，就会失掉令人惋惜的分数。

④合理运用时间。阅读部分，我们按照两个单词 1 分钟以内分配时间，短文章一个问题 1 分钟，从单词中节约的时间分配到长文章或比较文章中去。写作部分你把从句子和语法中节约出来的时间分配给短文改错部分，这样的方法行之有效。

我把你超时的部分用红笔、提前的部分用绿笔做好记录（如图 5 所示）。通过不停地训练与总结，慢慢地你就学会了合理分配时间，能够准确、按时完成考试。

每次训练测试完，你在旁边休息，我会在 30 分钟内把每个部分的得分、出现差错的数量和正确率在表格中登记（如图 6 所示），同时在平面坐标图中标出本次测试得分。快速统计结果之后，我们马上一起讨

项目	计划	Sep 24 McGraw-Hill's 8:20 AM开始		Sep 25 Official 8:20 AM开始	
① 作文 25	思路(2) 2	2	1:15 1:15	2	0:45 0:45 } ok
	计划(3) 5	5	6:30 5:00 超2:00	4	5:50 5:05
	开头(3:30) 8:30	7	9:50 3:30	3	8:00 2:10 节约0:50
	第1例(7) 15:30	14	19:30 9:40 超2:40	7	17:20 9:40 超2:40
	第2例(6:30) 22:00	21	24:30 5:00 节2:00	6	23:25 6:05 ok
	结尾(2:30) 24:30	23	25:45 1:15 节1:15	2	25 1:35 节0:25
	复读(:30) 25	25	未复读 思考0:45 "例子的时间太多!"	1	第1例超时得过多 未复读.
② 数学 25	20题(1:15/题)	②	22:30 节约2:30	② 共18题	17:45 做了一遍检查
③ 阅读 25	单词(8) (4)	W(8)-4	5:10 5:00 超1:00	④ 4	4:55 4:55 共超0:15
	短文(2)-4(5)	短1(2)-2 短2(2)-3	11:00 6:00 超2:00	5	6:40 1:45
	长文(2)-7(9) -5(7)	长1(5)-7 长2(7)-9	18:30 7:20 超1:20	7(9)	9:40 3:00 超1:00
			27:45 9:15 共超2:45	9(7)	25:15 15:35 超0:35
④ 数学 25	选择(8) (10)	③	8:50 8:50 节约1:10	⑤	25:15 超过1分钟 没检查
	填空(10) (15)		21:50 13:00 节2:00 共节约3:10		
⑤ 写作 25	句子(11) (7)	④	5:20 6:10 节约0:40	③	6:10 6:10 节约0:40
	语法(18) (11)		14:30 8:10 节约2:50	句子 错题	14:20 8:10 节约2:50
	短文(6) (7)		21:50 8:30 超1:30 节约2:10		21:10 6:50 节约0:10 做了一遍检查
⑥ 阅读 25	单词(5) (2)	⑥ 单词(5)-2	2:10 共超5:40	⑥ 2:30	2:20 2:20 共超2:50
	短文(2)-4(4)	短1(2)+短2(2) >4	8:30 6:20 超2:20	7	7:45 5:25 超1:00
	长文(2)-7(9) -8(10)	长1(7)-9 长2(8)-10	18:30 10:00 超1:00 / 30:30 12:00 超2:00	8(10) / 10(8)	17:10 9:25 超1:25 / 27:50 10:40 超0:40
⑦ 数学 (20)	16题 (1/题)	⑦	15:20 节约4:40	⑦	13:00 节约7:00
⑧ 阅读 20	单词(6) (3)	单词(6)-3 ⑧	2:50 2:50 节约0:10	⑧	2:45 未做1题.
	长文(2) (17)	长1 长2 >17	13:40 16:50 节约0:20		削减
⑨ 写作 10	14题 (:40/题)	⑨	8:00 节约2:00		9:30 节约0:30

图 5　2011 年 9 月 24 日和 9 月 25 日两次模拟测试过程记录表

论当天测试过程中出现或存在哪些问题，答题结果又反映出来哪些问题，然后我们立即分析原因、找出解决问题的方法。这样一来，存在的问题你就能在下一次的考试中避免，也清楚自己该在哪些题目类型中注意答题技巧。这样建立档案、及时讨论总结，对你后来参加正式考试的确有很大的帮助。

	内容＼日期	Jan.6	Jan.8	Jan.7	Jan 8	~~Jan.9~~	Jan.14	Jan.15	Jan.16	Jan.21	Jan.22
R统计得分	单阅错比	2/19	1/19	4/19	23/18	1/19	0/19	1/19	1/19	0/19	1/19
	短文错比	1/8	1/8	1/8	1/12	0/8	1/8	0/8	0/8	0/8	3/7
	长文错比	6/27	4/27	3/27	28/27	5/27	4/27	7/27	1/28	3/28	3/28
	长比文错比	0/13	1/13	1/13	1/12	4/13	1/13	0/13	0/12	2/12	0/13
	得分	680	700	680	730	660	720	690	800	710	700
W统计得分	找错错比	0/25	2/25			2/25	1/25	0/25	0/25	1/25	0/25
	改句错比	0/18	1/18			3/18	0/18	3/18	1/18	0/18	1/18
	改文错比	0/6	0/6			0/6	0/6	2/6	0/6	0/6	0/6
	得分	780~800	700-720-740			[illegible]-710	760-[illegible]	[illegible] 700-710	760-780-800	760-780-800	[illegible]
作文	得分	8~9	8~10			8-9-10	8-9-10	8-9-10	8-9-10	8-9-10	8-9-10
M统计	错比	1/54	4/53			6/54	2+2/54	1/54	1/54	2/54	3/54
	得分	790	780			680	720	790	790	760	720
总分	总得分	2260~2270	2100~2140			2040~2110	2200~2220	2160~2190	2350~2390	2260~2300	2180~2230
注		McG-Hill's	IVY 13	McH's	KPL Test	KPL Test1	KPL Test4	IVY 24	OFC 11-12	IVY 21	IVY 22
		2240				2040	2220				

· McG-Hill's : MGH

· KAPLAN : KPL

· IVY Academy : IVY

· OFC : Official

图 6　模拟测试得分及错误统计表

做好这些工作后，我会预测你的得分高点，准备参加正式考试。在你的模拟测试训练中，阅读部分是你的弱项也是影响你分数的重中之重。美国名校特别看重阅读部分的成绩。为了弄清楚你的测试次数和测试得分之间是否存在着某种内在的联系，我依据模拟测试阅读得分随测试次数增加的变化趋势图，对你已经进行 12 次阅读模拟测试结果分析发现：得分随测试次数增加呈现出有规律的波动上升态势，即 2（低）—3（高）、5（低）—6—7（高）、8（低）—9—10—11（高）。由低向高呈相对稳定的上升态势。如果你要参加正式考试，那么我认为你要避开有可能出现最低点的时机。根据模拟测试得分的变化趋势图，预测你的得分高点可能出现在接下来的哪一次测试，是我顶着巨大压力的思考和艰难的判断。我们是这样确定你参加正式考试的时间：

9 月 25 日第 12 次的模拟测试时，阅读出现了低点。根据趋势图，你接下来的测试得分可能是：12（低）—13—14—15（次高）—16（高），也就是第 12 次模拟测试后的第 16 次可能是你得分的最高点，而第 15 次可能是次高点。考虑到偶然的波动因素，为稳妥起见，我决定让你把第 15 次模拟测试的时间作为正式考试时间。也就是说我们不做第 15 次模拟测试，而是在第 15 次的时候，直接参加正式考试。

于是，我们随后又做了第 13、14 次模拟测试（这两次没来得及标到图上），到第 15 次时便参加了 10 月初的正式考试。这次正式考试阅读得 710 分，如果把它标在图上就是本轮模拟测试的最高得分点。

留学攻略

★ 善用时间管理，合理规划备考时间

歌德曾经说过："善于利用时间的人，永远有充裕的时间。"在现代管理学中，时间也是一种管理要素，需要我们的管理规划。时间管理就是根据时间的特性，探究如何提高使用效率，顺利达到目标的活动。对于考生来说，就是如何高效利用有限的备考时间，最终实现自己的愿望。根据经验总结在这里向大家推荐一套简述为"早、准、多"的时间管理策略。

（1）"早"

尽早制订复习计划，快速推进复习进度。SAT 考试对考生的年龄没有限制，但有次数限制，所以应当尽早制订复习计划，可以分为总体计划和分月计划。总体计划包括部分成绩及总分、复习阶段划分等；分月份计划包括每个月的复习进度、复习目标等。有了目标后就该开始分阶段地快速推进复习。这些复习计划的制订，有利于确定具体目标，激发自我的最大动力。

（2）“准”

准确制定复习目标，高效率的学习休息。按照时间维度可将其分为：总体目标、每月目标、每天目标和每小时目标。在制定每一类复习目标时，考生都应充分考量各方面的因素，从而做出适当的选择。在学习时考生应保持高效率的学习状态，合理利用好每一分每一秒，但也应注意劳逸结合，适当的休闲更能够提高学习的效率。

（3）“多”

多运用身边资源，你不是一个人在奋斗。考试不是一个人的战斗，考生可以找志同道合的同学一起学习备战，相互加油，更应发动父母并肩作战。父母应该主动参与进来，从成熟理性的角度帮孩子分析状况、制订计划，为孩子提供安静的学习环境，收集学习资料，提供好的学习建议，及时做好孩子的心理辅导等。

★ 模拟试题对考试的好处

（1）利用模拟题锻炼做题速度

模拟试题的一个好处就是可以锻炼做题速度。因为它的题目类型、题目量都和考试真题相似，因此用它来把握做题速度最好不过。

（2）利用模拟题锻炼答题技巧

各类资格考试中，难度的高低不一样，因此考生需要根据不同难度的试题进行时间的安排，考生应当把做模拟题当成真正的考试，调整自己的做题顺序。长此以往，娴熟的答题技巧有助于提升答题效率，改善考生的考试状态，从而取得理想的成绩。

（3）根据考试的具体规定，模拟考试现场，做模拟考试，以便到

了真正的考场而临危不乱

有时候，自己做模拟题，已经能偶尔取得高分了，但是在考场做完真题后发现，总分成绩低平时模拟成绩一百分以上的情况。这就需要考生日在做模拟题时，尽量提高分数和保持稳定，只有稳定的模拟测试分数，才有可能在考场上得到稳定或超长的成绩。

推荐书目

《心理暗示的力量》，陈素娟编著，化学工业出版社。

《自主学习》，林格，程鸿勋，唐曾磊著，新世界出版社。

《批判性思维：带你走出思维的误区》，（美）布鲁克·诺埃尔·摩尔、理查德·帕克著，朱素梅译，机械工业出版社。

期刊报纸推荐

（1）期刊

《读者文摘》（*Reader's Digest*）；《时代周刊》（*TIME*）；《新闻周刊》（*Newsweek*）；《生活》（*Life*）；《人民》（*People*）等。

（2）报纸

《今日美国》（*USA Today*）；《纽约时报》（*The New York Times*）；《洛杉矶时报》（*The Los Angeles Times*）等。

第三章　最后的冲刺

学习 SAT1 得到了什么

虽然训练比较严谨，训练分数也出现过近乎满分、令我们非常满意的成绩。可是，到正式考试，因为各种因素，最后的成绩还是打了折扣。这让我明白，在今后的各种训练中，要尽量给自己设计高目标，这样就算最终结果打一点折也不怕。最后一次正式考试，我的数学满分，写作几乎满分，可是，阅读发挥不佳失常了，没有达到预期目标，算是给自己"临时抱佛脚"的教训，留下了遗憾。

其实，SAT1 到底是什么？分数到底有什么作用？学到最后，分数已经不重要了。重要的是，我真正体会到当初列举的学习 SAT1 的那些好处，包括单词量增加、阅读速度提高、知识量变广、粗心的缺点改掉、阅读方式改变以及意志变得更加坚定，等等。最令我开心的是，我感受到了和志同道合的朋友一起奋斗的快乐，与爸爸妈妈齐心协力共渡难关的幸福。在失误和遗憾中，在思考与取舍中，在困惑的挣扎中，我渐渐明白了自己的追求是什么，能量会有多大，将来要做一个什么样的人。

爸爸手记

你首次参加 SAT1 考试是 2010 年 6 月，考完后，因为你感觉成绩不理想所以便马上取消了这次考试。按照SAT考试规则，考生如果想要取消本次考试的成绩，必须在考试结束后的星期三晚上11：59分（美国东部时间）之前将取消请求送达College Board（SAT考试官方网站），这样学校就不会看到你那次的考试成绩和记录。虽然这次热身赛无果而终，但是你了解了很多：考试规则、考场位置、考试氛围、形形色色的考生、食物饮料等可能对考试造成影响的因素。

经过了好几次机构的培训，成绩还是起不来。于是，我们只能自谋出路了。依以前你在培训机构的经验，根据你考试过程体现出的弱点，我们准备大规模做题和重点攻阅读的SAT攻坚计划。

SAT1的考试总共可以参加三次在你11年级结束的夏天，我们一起开始了题海战术训练。我们一起收集关于SAT考试的题目，不计翻阅的参考书和杂志，11年级你共做了测试题和模拟考试题30套。然后参加了十二年级的10月初（2011年10月）的考试，总分为2210。让我们欣慰的是阅读同上一次比有较大的进步，可是，总分还是不理想！回顾我们的战略，理性地分析了下前后两次的考试状况，我们得到的教训是，题海战术虽略有小成，但却只抓住了阅读，放松了写作，当然这也是由于时间紧迫而做出的不得已选择。认清这一点后，我们马上调整了学习方法，以便能有更合适的状态参加下一场考试。

2011年10月初的考试结果刚赶上了10月28日芝加哥大学的提前申报（芝加哥大学提前申报的终止日期是美国东部时间10月31日24点之前）。

为了进一步提升SAT1成绩，申报完后马上我们又开始了训练：这次，做了17套模拟测试题，经历了大量的模拟测试和真题训练之后，在正式考试的时候总会有一些你做过的题出现，仿佛你们已经成了朋友。看来SAT1的题库也不是无限大。你这次的成绩符合了我们的预期要求，得分是2300。

作为一个家长，我从去观察孩子们的角度，谈谈怎样才能在SAT

考试中取得高分的好成绩：

首先得快，从8点到12点的4个小时，做170道题，扣除休息时间，基本上是1分钟一道题，快，既需要有办事干净利落的性格，更熟悉题目类型，题目内容，才可能做到反应快，可怜的孩子，从国内到了国外，还是逃不出题海战术的汪洋大海。

然后是培养良好的作息时间：SAT的考试是从早上8点开始的，7：45进入考场，大脑要在早上8点进入兴奋的最佳状态，所以早上6：30起床都不算早。做一个早起鸟还需要长期的早睡早起修炼。

还有就是逻辑思维，SAT的题目说难也不难，像是智力测验题，擅长逻辑思维的学生吃香，擅长形象思维的学生吃亏。Critical Reading说是阅读，其实也是通过阅读来进行推理，从而选定正确的答案。最重要的细节：准备充分，不要丢三拉四，忘记了考试需要的工具。做到提前一天，将所有需要的东西都放入文具袋，铅笔多准备几只，计算器的电池也多准备一套备用的，力争做到万无一失。

梦想的彼岸美丽诱人，爬藤的道路漫长艰难，SAT1、SAT2一个接一个考试，一次不满意就再来一次。考场不知不觉成了你经常光顾的地方，你也心不甘情不愿地成了考场钉子户。虽然一遍遍地复习重考，却并没有磨灭你的斗志，反而激发了你必胜的信心。因为每次的重新来过，靠近梦想就更近一些。

美国高考钉子户

中国高考结束了，外公从国内打来越洋电话，问：“念念，你什么时候考大学啊？”同样的问题，国内的好多朋友和亲戚也都问过无数次了。我支吾道：“我正在考呢……已经考了一年多了。”

我可没有骗外公。在加拿大，升大学不需要考试，只要报给大学自己平时的成绩就可以了，但申报美国大学需要参加SAT考试（学术能

力评估测试）。它分 SAT1 和 SAT2 两类，每年有六次，每次都是在月初的第一个周六上午。原则上，学生甚至可以从小学就开始考，考多少次都可以，大部分大学只参考最佳成绩。我嘛，从十年级开始练兵，到现在真正上 SAT 的战场，真的已经一年多了。由于每次都去同一个考场，我已经对那个考场了如指掌了，连哪间厕所最干净都知道。一年多来，每次考试都能见到我的一群好朋友，我尊称他们为“同事”——我们同为“美国高考钉子户”。

只要一提起 SAT 考试，我就条件反射想到巧克力的味道，因为每逢考试，我都能从爸爸那里成功获取到巧克力，还有一个冠冕堂皇的理由：据说巧克力对集中注意力有帮助。伴随着巧克力的味道，“钉子户”的美国高考经历趣味横生，遇到的考生更是千姿百态，仿佛舞台上的人物剧。

一次 SAT 考试前，我在考室外等着监考老师发话，一眼望去室内黑压压的一片，大多都是黑头发黄皮肤的亚裔考生。他们在抓紧最后一秒的检查时间。突然，从我身边窜出了一个金发女孩，一下子抱住我，兴奋地叫道：“天啊，终于碰见熟人了!”我吓了一跳，定睛一看，是同学杰西卡。迎面扑来的是她浓烈的香水味，然后看见的是她美丽的高跟鞋。我问：“你是来考试的吗?”她有些迷惑地说：“我也觉得自己并不属于这里啊。”

“你考 SAT1 还是 SAT2?”

她一脸茫然地说：“什么是 SAT1？什么是 SAT2？它们不一样吗?我不知道耶。”我又被她吓了一跳，边让她把报名表给我看看，边告诉她：“SAT1 是综合性的推理测试，SAT2 是学科测试。”她却并不担心，一手从闪亮的包包掏出一张皱巴巴的纸，一手还在手机键盘上快速敲打着。此时，监考老师已经点到杰西卡的名字了，她的注意力还在手机上，我急忙推推她，提醒她要进考场了，她才恍然大悟地疾步踏入考室。我终于见识了什么叫“裸考”了，居然连自己要考什么都完全不知道。

望着杰西卡进入考室，我懊恼没有告诉她，SAT1 推理测试持续三小时的考试时间，可别急坏了在手机另一边等她回短信的朋友。

美国高考，除了 SAT，还有 AP（大学预修课程）的考试，也是申请大学的一个重要筹码。

一次 AP 考试结束时，老师要求我们把试题用指定的强性胶纸封好，以避免各种对试题的违法使用。过了几分钟后，老师开始收封好的试题和学生的答题卷。老师走到一个同学桌前，见那同学正趴在桌上打呼噜。老师问："你的答题卷呢?"教室里的考生们齐刷刷地朝那个同学的座位望去，答题卷不见了绝非小事，却见那同学迷迷糊糊地揉揉眼睛，说："我的答题卷啊，我把它和试题封在了一起。"老师怒不可遏，又不知如何是好："你怎么能把你的回答封起来呢？封起来了评卷老师改什么啊？你怎么拿分啊?""啊？难道我们不应该那样做吗?"同学这才从睡梦中惊醒。作为钉子户的我"经验丰富"，面对此景并不惊讶：这就是美国考试——nothing is impossible（没有什么不可能），什么千奇百怪的事情都可能发生。

还有一次 SAT1 考试，是一个老头给我们监考。他做事细心至极，磨蹭至极，原本只需要几分钟的登记过程，他花了近一小时。闲着无聊时，我只好聆听窗外的鸟鸣来打发时间。这时候，我想起一篇新闻报道说重庆某官员要求驱鸟以免影响高考，幸好这里的鸟没有被驱赶走，不然这一小时我可怎么熬过呢？终于，老头登记到最后一个考生。他问道："你为什么要来这间考室?"考生是个西人男孩，他不解道："呃，我来考 SAT。"老头说："你考的是 SAT 中的推理测试，那在另外一个考室啊。"考生看起来有些丈二和尚摸不着头脑："难道两个有区别吗?"他口中嚷嚷着，但手还是慢慢地开始收拾东西。"你出门往右边走就可以了。如果他们已经开考了，那就下次再来吧。"老头也慢悠悠地将考生的名字在名单上画掉。"哦，谢谢。"然后考生不慌不忙地往另一间教室走去。我心里面倒是替他捏了一把汗：自己该去哪间考室也不清楚，原来又是一个“裸考”的，估计那间教室的考试早已开始了，他可能真的只能下次再考了。

没关系，还有下次嘛。这就是美国高考每年七次教给我们的心态。有时美国教育体制的优势被过分推崇了，其实它并不完美。教育资源的丰富和教育资源分配的相对平等冲淡了社会对高考的重视，反正去哪里上大学都差不多，何必那么在意？机会过多等于没有了机会。上天对北美学生太多的恩赐，考大学永远不是高中生们唯一的必需的选择。所以，高跟鞋不可能成为这个考场上的违禁品，小鸟不可能被驱走，鸣笛也不可能被禁止。噢，对了，SAT 考试前一天老师还会满不在乎地为学生开派对。学生会竞选、学校外出郊游、活动聚会，偏偏就和 AP、SAT、学校期末考试同时开展。在中国，社会、学校和家庭护送考生百万大军过独木桥的壮举，在这里简直是天方夜谭。

不就是周六早一点起床，这次考不好下次可以再考，因此很多北美学生将机会看成了理所当然、将考试当作随意的一次练习。中国的高考故事却有着比牛郎织女更加漫长痛苦的篇章，苦等多久才可相逢。可是这美国的高考像面条，你饿了就去吃一口，它来了你也无所谓。教育是国家对未来的投资，虽然是水到渠成，顺其自然，可是它在北美好像沦落到了可有可无的地位。社会没有对高考着重强调，考生自然也就对它失去重视，继而一个个漫不经心的裸考生频频出现。对 SAT 完全不懂的杰西卡、封起自己答卷的睡觉男、还有走错考室也浑然不知的慢性子，他们都像吃面条一样毫不在意地去高考。一年可以考七次的方针，也成功造就了我们这群逍遥自在的“高考钉子户”，每次都抱着侥幸心理，反正下次还可以再考，况且每月初的 SAT 考试，还是散发着巧克力气息的“同学大聚会”。

然而，中国高考却完全另一番景象。它是一个考生、一个家庭，更是整个社会所承受的巨大压力，高考历程充满了辛酸苦辣。寒窗苦读十二年就为这一考，这决定命运的、一年一次、一次两天的一考，就算头悬梁锥刺股也要考个出人头地、金榜题名。同样在六月的中国高考，一湖南考生因为迟到被拒入场而跳楼自杀。他的父亲还在校门外焦虑地等待着他从考场欢喜踏出的那一刻，怎知他深爱的儿子却是一去不返。可怜的父亲是多么的悲恸欲绝。如果这次考试不是那位湖南考生十二年奋斗的唯一机会，如果他拥有像北美学生一样面对高考的轻松心态，他是否还会就此轻率地结束了美好珍贵的生命？

我的高考记忆，不该只是巧克力和无厘头，更不该是染血的战场和痛苦折磨。多么希望有那么一种教育，结合中美两国教育的精华，它在战略上蔑视高考和淡化高考的地位，让考生轻松上阵、享受过程；它也在战术上重视高考，考生可以发自内心地明白教育的意义和知识及思想的重要。这样，我们这些青年考生未来才能成为独立、快乐而且拥有才智的社会主力军。

爸爸手记

真正要了解两种制度下的教育，要先从两种教育制度的起源说起，高校的建立与它所处的社会制度有着直接的联系。

西方社会最早是君主立宪制的，他们的国家与教堂有着千丝万缕的关系。西方大学成立的初衷是为了启迪思想，让怀有各种人生目标的人都能平等地获得知识。下面列举一些世界知名高校的校训，从中就能看到宗教对西方高校的影响。

牛津大学（建立于1096年）：校训是“Dominus illuminatio mea”，拉丁语“耶和华是我的亮光”出自《圣经·诗篇》第27篇。

剑桥大学（建立于1209年）：校训是“Hinc lucem et pocula sacra”，拉丁语“此地乃启蒙之所，智识之源”。

哈佛大学（建立于1636年）：校训是“Veritas”，拉丁语“真理”。

耶鲁大学（建立于1701年）：校训是“Lux et Veritas”，拉丁语“真理和光明”。

布朗大学（建立于1764年）：校训是“In deo speramus（我们信仰上帝）”。

宾夕法尼亚大学（建立于1740年）：校训是“Laws without morals are useless（法无德不立）”。

普林斯顿大学（建立于1746年）：校训是“Dei Sub Numine Viget（她因上帝的力量而繁荣）”。

哥伦比亚大学（建立于1754年）：校训是“In the light shall we see light（在上帝的神灵中我们寻求知识）”，出自《旧约·诗篇》。

由此可见，西方高等教育的主要目的是对知识和真理的追求。

在中国，最早的教育方式是家庭私塾制，但这绝大多数是富人享受的待遇，贫苦家境的孩子只能靠自学，在中国的教育体制中，科举制扮演着最主要的角色，从隋朝大业元年（605年）开始实行，到清朝光绪三十一年（1905年）举行最后一场科举考试为止，经历了一千三百多年。科举考试影响至深，给人们缔造了根深蒂固的“学而优则仕”的观念，那时的教育被赋予了太多沉重的现实意味，而不是单纯地追求真理获取知识。

尽管封建王朝早已经土崩瓦解，但这种“十年寒窗无人问，一举成名天下知”的观念却影响至今。在中国人的潜意识里，教育不可避免地被赋予了“救赎”的色彩，教育是摆脱艰辛的唯一出路。但有趣的是，现代的部分中国大学是西方传教士在晚清时建立的，并且这些传教士很多来自当时英国和美国的顶尖级高校。最著名的是“剑桥七杰”，他们放弃了在本国的似锦前程，选择了扬帆远航来到中国。北京大学的前身“京师大学堂”，是1898年在戊戌维新运动中由当时的清政府建立的，担任当时大学堂西学总教习的是美国传教士丁韪良（W. A. P. Martin）；清华大学的创立与一群来华的美国传教士息息相关。这群传教士专门返回华盛顿去美国国会四方游说，终于从清朝政府向美国割地赔款的3000万美元中，争取到部分款项建立了清华大学，作为对被搜刮的中国人民的补偿。这笔建校经费由长老会进行统一管理，清华大学的第一任校长便是耶鲁毕业生，他同时也在中国创建了基督教青年会。同样，复旦大学创立者马相伯是中国第一位耶稣会牧师。所以说中国很多高校与西方教育也有着千丝万缕的联系，我们再来看下国内的几所名校校训：

北京大学（创建于1898年），校训是：勤奋、严谨、求实、创新。

北京师范大学（创建于1902年），校训是：学为人师，行为世范。

复旦大学（创建于1905年），校训是：博学而笃志，切问而近思。

清华大学（创建于1911年），校训是：自强不息，厚德载物。

南开大学（创建于1919年），校训是：允公允能，日新月异。

国立台湾大学（创建于1927年），校训是：敦品、励学、爱国、爱人。

中国人民大学（创建于1937年），校训是：实事求是。

香港理工大学（创建于1937年），校训是：开物成务，励学利民。

尽管两国的高等教育同根同源，但却存在着文化上和心态上的差异。由于文化的差异主要是对教育的不同期望，使得两国对升入大学接受高等教育有着完全不同的理解，高考中的1分就可以决定你是一位面朝黄土背朝天的农夫，还是一位在繁华大都市里风光就职的白领；两国人心态上的差异，主要根源于资源分配的不同。

在西方，地广人稀，机遇众多。教育的最大意义在于尽量发挥造物主赋予每个人的潜能与天赋来服务、充实社会。而在中国，教育则意味着人才济济，机遇难求。高考对众人而言，是爬上社会顶端的一个公平机遇，但残酷的是获胜者寥寥无几。究其根源，利弊尽显。

若要定论哪种教育体制的优劣却是很难判断，事实上，无论是中国传统教育强调的严格、严厉，还是西方教育突出的宽松、自由，目的是一致的，都是为了孩子成长与成才，中国父母需要克服对教育功利性的心理和误解，还给孩子单纯的学习乐趣和自由。西方父母在保护孩子创造力和好奇心的同时，需要激励孩子克服反复练习所带来的枯燥与厌倦，坚持学习，只有两种教育方式取长补短，最终就会看到孩子日益精进，只有融合中西文化的精华，才能够培养出“独立、快乐，而且拥有才智的社会主力军”。

推荐网站

教你使用 SAT 考试官方网站：http：//yingyu. 100xuexi. com/view/examdata/20080131/DF7B6B80 – AB6F – 40E6 – A9D2 – 1BAB8619C35B. html

好玩的写作网站：http：//a4esl. org/q/j/

推荐书目

《高中毕业就上世界名校》，俞敏洪，张洪伟，周容编著，辽宁教育出版社。

学习 SAT2 和选课的艺术

讨论了那么久的 SAT1，其实当时我们在 SAT2 的学习阶段也花了不少心思，同样令我回味无穷。

相比起 SAT1，SAT2 一项科目的考试只需一小时，是我们考生展现自己在某科目方面特长的平台，而不是综合能力的考核。目前，有些大学要求至少两门 SAT2 的成绩，而有些大学则没有规定。我可以根据自己的需求在 SAT2 不同的科目中选择其中几项考试。

SAT2 所有科目包括：

文学（Literature）

美国历史（U. S. History）

世界历史（World History）

数学 1（Math Level 1）

数学 2（Math Level 2）（注：数学 1 的难度小于数学 2）

生态生物学/分子生物学（Biology Ecology/ Molecular）

化学（Chemistry）

物理（Physics）

中文——含听力（Chinese with Listening）

法语——含听力（French with Listening）

德语——含听力（German with Listening）

日语——含听力（Japanese with Listening）

韩语——含听力（Korean with Listening）

西班牙语——含听力（Spanish with Listening）

法语——仅笔试（French - Reading only）

德语——仅笔试（German - Reading only）

现代希伯来语——仅笔试（Modern Hebrew - Reading only）

意大利语——仅笔试（Italian - Reading only）

拉丁语——仅笔试（Latin - Reading only）

西班牙语——仅笔试（Spanish - Reading only）

十一年级的时候，我身边很多同学参加了校外 SAT2 补习班。我选择了自习，觉得校外补习没有必要，而且跟着大家的步伐走浪费时间。同时，AP 课程一般包括了 SAT 科目考试的大部分内容。比如，我准备数学 SAT2、物理 SAT2 和化学 SAT2 的时候，因为当时也正在学习 AP 微积分、AP 物理和 AP 化学，所以 SAT2 的这些科目考试就感觉相对容易很多。

备考数学和物理的时候，我在家里把辅导书先看一遍，熟悉了基本概念，然后就是做题，一套一套地练习。如果有什么漏掉或者没掌握好的概念，就从做题的过程中再加以补充学习。

我的同学常常问我："你去哪里学习 SAT2？"我便自豪地说："我

有一个家教，是全世界最棒的家教，免费教学——那就是我爸!”是啊，老爸，我说的就是你。虽然你完全没有家教经验，也不懂英文，阅读题目还需要我逐字逐句翻译，可是作为一个中国科学院毕业的研究生，你辅导我的理科课程完全可以胜任。

你对知识的掌握比我扎实得多了。我呢？——惭愧呀，我考完 AP 微积分后，就已经将它全部交还给老师了。后来有同学向我请教时，我总是尴尬地说：“那个，不好意思啊，我要再想想，再想想……”同学打趣地说：“听说你去年考微积分 BC 可是拿了满分啊。”一年前我学过的这些理科知识，现在就已经不记得了，但是你二十多年前学的知识还能记忆犹新。这些都得益于你扎实的基本功和对事情的认真态度。你常说，十多年的学习生涯，学到了怎样合理地解决问题。

当你辅导我学习时，你总是认认真真帮我解决问题，针对我的错误来讲解相应的概念，延伸拓展我对知识的掌握。有一次模拟考试，我错了很多题，不耐烦地把那些错题一股脑地扔给我的“万能家教”。我当时没空理睬那些令人头痛的题目，也因此给你出了个难题，因为我没有时间帮你翻译那些英文题目。你呢，却硬是用电子字典一题一题地翻译，细心研究我每个错误的原因，将所有的错题抄下来，再给我上课。经你一讲解，原来我不懂的原因也找到了。我豁然大悟，悟出的不仅仅是解题方法，更悟出你在学业、事业与家庭都能取得成功的原因——“认真的态度”。既然我的“家教”都这么厉害，我还有什么做不成的呢？榜样的力量是强大的。

SAT2 能考出好成绩，可真要归功于我独一无二的家教。

爸爸手记

相比 SAT1 给我的困惑，无论是校内课程还是自修课程、也不管是 SAT2 课程还是 AP 课程（AP 是 Advanced Placement 的缩写，即大学预修课程，由美国大学理事会主持，在高中阶段开设的具有大学水平的课程，它可以使高中学生提前接触大学课程，避免了高中和大学初级阶段课程的重复）你都能够得心应手，我们也知道美国名校对高中生的 AP 课程是非常重视的。在顾此不失彼的情况下，你是怎样一一修完这些课程的呢？让我们先一起回顾你整个高中阶段的学业吧。

1. 九年级的课程

一切从头来。九年级开学时你参加了温哥华学校局的英语考核，四级，去上 ESL 的过渡班。经历了麦吉中学的入学、转学，在家中等待了半个月后，你终于入读洛宾中学。这一学年，你上了九年级的英语、社会、科学、计划、舞蹈、话剧，十年级的数学。

为什么你选了 10 年级的数学呢？入学后，你发现 9 年级的数学内容已经学过了，于是向学校说明了情况。学校也很人性化地给了你一次测试机会。结果，你就直接跳级上了 10 年级的数学。

九年级暑假开始，你看到周围的同学都报名参加暑期班（温哥华学校局为学生开设的 6 周的暑期课程，原本是补习上学年不满意的学科，如今却让越来越多的华人学生家长，作为超前修完下一学年课程的手段），不甘落后的你一口气报了 3 门课：英语写作、十年级计划以及十一年级的数学。

2. 十年级的课程

你十年级以等待者的身份进入 West Point Grey Academy（加拿大西点格雷学校）时，学校的选课已经结束，没有更多的选择机会。你的课程是：九年级的西班牙语，十年级的英语、社会、科学，十一年级生物，十二年级数学，AP 中文，表演级话剧课、运动员体育课。

West Point Grey Academy 的 AP 课程比洛宾中学的多，但有严格的规定：必须学完十二年级的课程之后才能修 AP 课程。

对每一个学生来讲，所选的课程没有一门是多余的，比如话剧，虽然对申报大学也许没有直接的帮助，但你从此爱上了舞台表演、即兴演讲，口语也有了质的飞跃。

好消息是你在来加拿大的第二学年，开始你的第三门语言学习。开学时，你在西班牙语和法语之间举棋不定，不知道自己应该学习法语还是西班牙语。加拿大的官方语言，除了英语还有法语，所以，法语在加拿大有着广泛的群众基础。你同老师辅导员以及学姐学长们讨教，最后选择了西班牙语，主要原因是你已经确定去美国读大学，学习西班牙语会令你到美国后更加方便。从中国来到加拿大一年的时间，如果把中文作为第二外语也是可以的，但是你没有避重就轻，在英语还没搞定的情况下，又选择了一个全新的语言，真的需要一点勇气，更何况，你将和低年级的同学们，即九年级的学生一起学习西班牙语。

在学习完九年级的西班牙语后，暑假里，你自学了十年级西班牙语，开学参加了学校的考试，顺利通过。这个夏天，你同时还上了学校局十一年级暑假班的物理和化学课程。这样你在暑假一个半月内学完了三门课程，这些都是需要一学年才能完成的课程。是快了点，好在并没有影响你的正常生活，舞蹈课、琵琶课、爱丁堡计划项目及其他的活动一点没有耽搁下来。

九年级、十年级在我们对加拿大公立学校和私立学校的摸索中，一晃就过去了。这段时间里，我们仿佛身处在黑暗之中有些不知所措，但是，因为你不停地挑战自己，让我们看见了光亮。如果希望得到美国名校的青睐，十一年级的课程难度和成绩，就显得尤为重要了。

3. 十一年级的课程

十年级学习期间，你的同学们有些已经修了高一年甚至两年的课程了，也有些已经在修 AP 课程。你明白自己的差距。有了九年级、十年级被动选课的经历，这回十一年级暑假期间选课一开始，你就到了学校看着全部课程表，认真地选择了自己想选的课程。学校规定最多选 7

门课程加一门体育。功夫不负有心人，经过不懈地争取，你在学校选修到了：十一年级英语 AP 预科班、社会学、西班牙语，十二年级物理，AP Calculus BC（微积分）、AP Psychology（心理）、AP Chemistry（化学）以及体育，还抽空当了个中文助教这样实际上所在学校修了 10 门课程。

你同时选择了学校局十二年级化学的远程网上教学课程，还选择了自学 AP Physics B（物理）。

AP 课程要在学好高中课程的基础上学习。怎样在可以接受的限度内，挑战数量多、难度大的 AP 课程，并且取得好成绩，是你十一年级整学年的主旋律。

算起来，你十一年级在学校的课程加上自学课程，总共修了十门。如果再加上十年级已经提前修完的中文助教、琵琶音乐课程和爱丁堡计划培训等课程，你十一年级的课程一共有十三门。

你在是否选择 AP 英文预科班时，纠结了一段时间。许多从小在加拿大长大，英文成绩很好的同学，面对 AP 英文的难度，都选择了回避。这样的气氛严重影响了你的情绪，你难免也是面露胆怯地说：普通英文课上的成绩，我都不满意，何况 AP 了。

我们全家开展了分析讨论：如果修普通英文课程，而不修十一年级的 AP 英文预科班，十二年级就没有机会选择 AP 英文课，到大学申报时，许多名校会觉得你没有挑战自己，从一开始就可能拒了你。就是说，如果现在不试一试、搏一搏，也许从今天起就失去了进入名校的机会。如果选择了 AP 英文，从你目前的成绩来看，很有可能成绩会非常差，也会被拒。只有你把成绩提高了，甚至明显提高，哪怕还是比其他同学低一些，招生官们看到你的努力，看到你的潜力，你也许你还有一丝机会，是不是？你点点头，说：“看来，选课不但要够难，成绩还要足够的好，我只能硬着头皮上了。”

上帝总是眷顾勤奋勇敢的人。AP 英文老师马妮莉特别批准你进入了 AP 英文预科班，并在每一次积极表现中，都给予了你肯定。这些鼓励是多么的重要。

你和老师在一起谈论诗歌、谈论哲学、谈论文学。英文世界的那扇门赫然打开，你读到了里面无限的风光也体会到无穷的乐趣。

面对好几门又多又难的课程，在有限的时间内要把它们都学好，你是这样做的：做好不同学科的协调和同一学科的衔接，更重要的是你的自学一定要走在学校课程的前面。为此我们制订的学习计划是：在不影响学校课程、社会活动及睡眠的情况下，数学、物理、化学的 AP 课程边学、边做题、边测验，这时我的职责是帮你找出检测时出现的错误，利用电子词典和你一起分析错误的原因进而解决问题。有些问题因为我对英文的理解不够，你还得找你的老师咨询解决。因此做题、找错、归纳错误、分析原因、加深理解就成了你的学习任务，也成了我协助你最基本的方法。

2011 年 5 月份的 AP 统一考试，除了 AP Physics 你不是在学校学习，只能在校外参加考试外，其他的 AP 考试都是在你的学校里进行的。结果是：除 AP Chemistry 4 分外，其他 AP 课程都是 5 分。AP Calculus BC 一门的成绩按两门计：AP Calculus AB 5 分、AP Calculus BC 5 分。十一年级结束时你的 AP 课程有了 6 门：AP Chinese Language 5 分、AP Calculus AB 5 分、AP Calculus BC 5 分、AP Physics B 5 分、AP Chemistry 4 分、AP Psychology 5 分。根据加拿大 AP 课程考试的规定：学 AP 课程 5 门以上、考试平均 4 分以上就可以拿国家奖。你成为了你们学校当年十一年级唯一拿 AP 国家奖的学生。

4. 十二年级的课程

可能因为十二年级是学校的毕业班，你开学选课比较顺利。

AP 课程的选择我们是按照难度和均衡两方面考虑的。你十一年级修了难度大的数学和理科 AP 课程（除生物外，因为你不打算学医和生物工程），因此十二年级应尽可能在文科方面加强。

由此，你在学校选修了：十二年级英语、英国文学、历史、西班牙语、体育以及 AP English Language（英语）、AP European History（欧洲历史）、AP Statistics（统计）、AP Macroeconomics（宏观经济）、AP Microeconomics（微观经济）。

你的学长学姐都说学校的 AP European History 难度大、内容多、有可能课程都学不完。选这门课时你犹豫过，因为你觉得有些同学们英文非常好，怕赶不上他们。最后你不但选了，并且出色完成。历史和 AP 欧洲历史课最终取得全班最高分。

高中毕业时，你不但 AP 英文成绩在全年级名列前茅，难度最大、没有几个同学敢选择的 AP 欧洲历史成绩也获得 99 分，创造了奇迹——全年级第一名。在 AP 欧洲历史的统考前，老师眼巴巴地对念念说：这次我们学校 AP 考试拿满分的，就指望你了！如愿以偿，最终没有让老师和学校失望。

你的各科成绩期终时平均 95 分。

你 9 年级你在加拿大的公立学校，面临一个崭新的文化氛围和学习方式，有些不适应，10 年级你又以等待着的身份进入私立学校，又碰到了新问题，怎样融入新团体，怎样在学校找到你的归属感。

到了 12 年级，你已经学会了如何在课堂上做贡献。不论是 AP 英文还是 AP 欧洲历史，老师上课时同学们在课堂上不活跃，你会积极地把课堂氛围带起来；当同学们和老师在积极的互动提问时，你都会把和老师交流的机会留给同学。

你回来告诉我们，有同学上完了高中课程，已经去 UBC 修大学课程了！我们才真正，加拿大的高中选课真的做到了下有底线，上不封顶的教学理念。

附你申报大学的成绩表（图 7），不含十二年级后两学期成绩。

COMPREHENSIVE TRANSCRIPT OF GRADES

District	BC Ministry School Code		College Board Number
School District #39 (VSB) - Independent	03996645		821725
Name	**DOB**	**PEN**	**Accurate as of**
Hai Nian Shi	March 29, 1994	128771763	12/16/2011

West Point Grey Academy operates a linear timetable, wherein students take up to 9 courses concurrently from September to June. The school year is divided into three terms for assessment purposes, with cumulative marks available in December, March and June.

School Year 2008/2009 Grade 9	Final
Lord Byng Secondary	
English 9	86
Principles of Mathematics 10 Enriched	97
Principles of Mathematics 11	95
Social Studies 9	88
Science 9	89
Planning 10	90
Dance 9	85
Drama 9	86

School Year 2009/2010 Grade 10	Final
English 10	84
Principles of Mathematics 12	90
Social Studies 10	91
Biology 11	92
Science 10	91
AP Chinese Language	99
Spanish 10	93
BA Athletic Performance 10	88
Drama 10: General	87
Spanish 9	92

School Year 2009/2010 Grade 10	Final
Vancouver School Board	
Chemistry 11	90
Physics 11	93
Chinese Central Conservatory of Muisc 10	TS
Duke of Edinburgh's Award 10	TS

School Year 2010/2011 Grade 11	Final
English AP Prep 11	90
AP Calculus BC 12A	92
AP Calculus BC 12B	92
AP Psychology 12	95
Social Studies 11	94
AP Chemistry 12	93
Physics 12	92
Spanish 11	91
Recreational PE 11	93
BA Teaching Assistant 11	97

School Year 2010/2011 Grade 11	Final
Vancouver School Board	
Chemistry 12	93
DELE Spanish A1 CEFR	TS
Chinese Central Conservatory of Music 11	TS
Duke of Edinburgh's Award 11	TS

School Year 2011/2012 Grade 12	Final
External Credentials	
Chinese Central Conservatory of Music 12	TS
Duke of Edinburgh's Award 12	TS

A: 86 - 100%; B: 73 - 85%; C+: 67 - 72%; C: 60 - 66%; C-: 50 - 59%; F: <50%;

AEG-Aegrotat Standing; RM-Requirements Met; SG-Standing Granted; TS-Transfer Standing; W-Withdrawn

The above is a complete statement of achievement in courses completed for the student as of this date. All courses have been taught as prescribed for British Columbia Schools. The meaning of indicators and letter grades can be found at www.bced.gov.bc.ca/exams/handbook/handbook_procedures.pdf page 82.

Authorized School Signature

Page: 1

COMPREHENSIVE TRANSCRIPT OF GRADES

District	BC Ministry School Code		College Board Number
School District #39 (VSB) - Independent	03996645		821725
Name	**DOB**	**PEN**	**Accurate as of**
Hai Nian Shi	March 29, 1994	128771763	12/16/2011

West Point Grey Academy operates a linear timetable, wherein students take up to 9 courses concurrently from September to June. The school year is divided into three terms for assessment purposes, with cumulative marks available in December, March and June.

School Year 2011/2012 Grade 12	Interim
AP English Language 12	94
English 12	91
English Literature 12	94
AP Statistics	93
AP European History 12	99
AP Macroeconomics 12	
AP Microeconomics	90
History 12	100
Spanish 12	95
Recreational PE 12	
Graduation Transitions	

A: 86 - 100%; B: 73 - 85%; C+: 67 - 72%; C: 60 - 66%; C-: 50 - 59%; F: <50%;
AEG-Aegrotat Standing; RM-Requirements Met; SG-Standing Granted; TS-Transfer Standing; W-Withdrawn
The above is a complete statement of achievement in courses completed for the student as of this date. All courses have been taught as prescribed for British Columbia Schools. The meaning of indicators and letter grades can be found at www.bced.gov.bc.ca/exams/handbook/handbook_procedures.pdf page 82.

Authorized School Signature

Page 1

图 7 申报大学的成绩表

5. 分数的意义

分数重不重要？当然重要，但是，更重要的是透过分数，我们看到了你的学习能力、你自我挑战的精神和你自身蕴藏的学习潜能。

四年的高中学习生涯中，虽然你的分数不是年级最高的，你曾为偶尔的失误伤心过，也曾为自己的不完美沮丧过，但是我们看到了：

①你不断增加的学习难度，到毕业时已是同年级里学习难度最大的

学生了；

②你在学习上花的时间少，但效率高。学校下午三点半放学后，你要么在学校参加各项活动，要么参加社区活动，忙完回到家，常常到了六点以后。因为十一年级繁重的功课，我们必须保持体力，所以，整个十一年级，你基本上能在晚上十一点按时睡觉。

也就是说，除了在学习的上课时间，你做作业复习预习的时间集中在晚上8—11点之间。在这段时间里，你每周还要写《环球华报》的专栏文章以篇，用于学习做作业的时间不多。

③毕业时，你所学的课程远远比年级的其他同学们多；

④你的分数每一学期稳步上升，到十二年级时平均成绩已达95分；

⑤你热衷于社会服务活动。你每天下午学校3点半放学后到晚上6点，大量的课余时间都用于社会活动、义工和体育运动上。学校通过活动表，就能读懂你并不是一个只知道读书写作业的书呆子，你能够在6点以后的时间内，照样取得不俗的成绩，可想而知你的学习能力和学习效率。

中国传统教育赋予了你吃苦耐劳、自强不息的精神。在加拿大，你学到了什么？你学到了选择的自由和争取的权利。

国外学校没有升学指标的压力，没有老师要求你一定要考什么名牌大学。课程是自己选定，可以在十年级学八年级的课程，也可以在十年级修完十二年级的所有课程，然后去修大学的AP课程，甚至可以到大学去选修一些课。一切取决于每个学生自己的选择，上不封顶，选择自由的宽松的学习环境是西方社会的教育特点。

这样的环境令你如鱼得水，乐在其中。你的活动范围，不仅仅是校园、培训班，还深入社会不同的阶层，寻找各种渠道去帮助无家可归的人。为地震灾区的孤儿们募捐，为我们所在社区做义工，为流离失所的孩童筹集实物，为自由党拉选票，为大型文艺演出表演等。

有时我也吃惊，你是怎样完成一个接一个、头绪繁多的事情，同时学习成绩还在稳步向上。学习的时间被挤得很少了，你还坚持每周两次八小时的舞蹈训练。也许伴随着轻松的音乐，跳着优美的舞姿，你才能暂时放下繁重的功课和活动，真正地将自己放松、将压力释放。

我们常常会想：一个孩子的潜能到底有多少？是让她轻松一些好，还是忙碌一点好？是劝她享受无忧无虑的青春时光好，还是鼓励她早些接触社会，承担起责任好？以前我们觉得你像一只快乐的勤劳的小蜜蜂，飞来飞去，采集着生活的花粉，酝酿着成长的蜜汁，现在我和你妈觉得虎妞这个名字更适合你：你有着许多的选择，但你每一次都选择了最艰难的路，明知山有虎，偏向虎山行，而且每一次你都能出色地完成任务，带给我们惊喜。你的这种干劲，令我既感到骄傲又心存怜惜。乖女儿，你正以自己选择的方式成长着。

SAT/AP 参考书之我见

对于 SAT 和 AP，我觉得根据自己的进度学习最有效。自学的第一步就是购买辅导书。市面上有不少 SAT/AP 培训的参考书，令人眼花缭乱。究竟该买哪一本？

很多家长和同学都问过我这个问题，也提出要我介绍一些我用过的 SAT/AP 学习参考书。于是我根据自己的使用经历以及朋友老师的口碑，在这里对各种参考书作些评论，希望这样可以帮助同学们减少搜索、对比和尝试的时间。

SAT1 辅导书

下列 SAT 参考书我全部使用过，不过我所提到的版本都是当年我使用的版本，目前可能有更新版。每个人因为自己独特的学习方法会对每本书有自己不同的看法和喜好。

- *The Official SAT Study Guide*（2nd edition），Colleg Board

由 College Board 出版的官方书籍，这是所有学习 SAT 考生的必备

书籍。它的第一部分包含了对阅读、写作和数学三部分学习的详细讲解，以及各种作文范文。最新的版本第二部分有 10 套模拟考试。同学们要注意的是，虽说这是官方 SAT 辅导书，它的题目的难度略低，不具挑战。同时，书里没有题目答案的讲解。但是大家千万不要像当时我一样蠢，以为 College Board 势在激发学生的独自自主精神和思考能力，要学生自己去寻找答案。其实在书的开头，或者每套题的结尾，你都可以找到一个网址和密码。这本书里所有模拟练习题的详细解答和作文例文都在网上。另外，这本书的错误率颇高，至少我买的版本至少每两套题就有一个错误。我购买书本时，书里附带了一张黄色的错误改正纸，纠正了书中题目和答案的错误。所以同学们每次做题前最好查看一下那张黄纸，以免模拟考试时因为题目本身的错误而不知错所。

- *The Princeton Review*：*Cracking the SAT*（2011 Edition），出版社：The Princeton Review
- *The Princeton Review*：11 *Practice Tests for the SAT & PSAT*（2011 Edition），出版社：The Princeton Review

这两本都是 Princeton Review 出版的。众所周知，Prince Review 的系列书是除了官方蓝页之外最权威的了。其中，11 *Practice Tests for the SAT & PSAT* 包括 10 套 SAT 练习题和一套 PSAT 练习。Princeton Review 系列的题目逼真，难度适中，是预测 SAT 真实分数的最佳渠道。不过，唯一的劣势就是每套模拟题的后面没有作文题目的范文，只有对单选题题目的讲解。

- *Barron's SAT*（25th Edition），出版社：Barron's

Barron's 系列的书籍也是极受学生喜爱的。这本书很厚，因为它包含了 3500 个单词。这些就是我在复习 SAT 时背诵的单词，非常实用。Barron's 这本书同其他辅导书一样，先是讲解考试技巧，然后是模拟练习题。对于考试技巧方面，它的内容虽丰富，也没有什么特别之处，不过那 3500 个单词才是重点，没有其他任何辅导书提供如此强大的单词量。它的模拟题则不多，只有四套。但是这些题目的难度偏高，虽然有些有“钻牛角尖”的嫌疑，是考试训练的最佳选择。然而它的模拟作文题目有点怪，与真题有些偏离，且没有例文参考。

- *Barron's SAT* 2400：*Aiming for the Perfect Score*，出版社：Barron's

这是另一本 Barron's 的经典之作。这本书专为已经有基础并且要追求高分的同学而著。其中它的附加词汇也都是极生僻词汇。然而里面的一些对于阅读的方法我不是很赞成；同学们要根据自己的程度和学习方法有选择性地阅读。

- *McGraw Hill SAT*（2012 Edition），出版社：McGraw – Hill
- *McGraw Hill* 12 *SAT Practice Tests with PSAT*（2nd edition），出版社：McGraw – Hill

McGraw Hill 系列 SAT 辅导书似乎没有其他机构的出名，但是我认为它的题目难度同 Princeton Review 一样适中逼真。其中 *McGraw Hill SAT* 一书中对写作和文章的讲解非常透彻全面。

- *Kaplan SAT*：*Strategies*，*Practice*，*and Review*（2011 edition），出版社：Kaplan
- *Kaplan* 12 *Practice Tests for the SAT*，出版社：Kaplan

Kaplan 系列的辅导书我用得不多。觉得它题目过于简单，也曾在它的练习题中找到过不少错误。但是如果你其他的辅导书都已经做过了，再买一套 Kaplan、多做一些练习也无妨。

其他可考虑的 SAT 辅导书还包括：

- *Gruber's SAT*
- *Rocket Review Revolution*：*SAT*
- 10 *Real SATs*
- *Peterson's Ultimate New SAT Tool Kit*

SAT1 分类辅导书

想要特别提高阅读或写作部分，推荐以下专门针对这两方面的书：

- *Barron's Critical Reading Workbook*
- *The Princeton Review Reading and Writing Workout for the SAT*
- *McGraw Hill Conquering SAT Critical Reading*

要想增强训练，还可考虑以下书籍，不过这些书的实用性和口碑都不如上述三本。

- *Kaplan SAT Critical Reading Workbook*
- *Kaplan SAT Writing Workbook*
- *Gruber's Complete SAT Reading Workbook*

AP 考试辅导书

AP 科目的辅导书主要由这几大家公司出版：Barron's、Princeton Review、McGraw Hill（5 Steps to a 5）、Peterson's 和 Cliffs 等。这些辅导书基本上大同小异，因此为了对比他们细节上的差异，我作了各种搜索、调查、询问，枉费了不少精力和金钱。我在这里结合自己的搜索以及亲身体会，给大家整理归纳几本。不同的辅导书在不同的 AP 科目上有自己的强项。

Art History

- *The Annotated Mona Lisa: A Crash Course in Art History from Prehistoric to Post - Modern*

Biology

- *Cliffs AP Biology*

Calculus

- *Barron's AP Calculus*
- *Master the AP Calculus AB & BC*（Peterson's AP Calculus AB & BC）

Chemistry

- *The Princeton Review Cracking the AP Chemistry Exam*

Comparative government

- *AP Comparative Government and Politics: An Essential Coursebook and*

Study Guide

Microeconomics and Microeconomics

- *Striving for a* 5: *Preparing for the Macroeconomics AP Examination* 和 *Striving for a* 5: *Preparing for the Microeconomics AP Examination*
- *Barron's*
- *Princeton Review*

Environmental Science

- *The Smartypants' Guide to the AP Environmental Science Examby Michelle Mahanian*

European History

- *AP Achiever* (*Advanced Placement* Exam Preparation Guide*) *for European History*
- Princeton Review

English Language and Composition

- *Cliffs*
- 5 *steps to a* 5

English Literature

- *Barron's*

Human Geography

- *Barron's*

U. S Government

- *The Princeton Review Cracking the AP U. S. Government & Politics Exam*

U. S History

- *AMSCO*

World History

- *Barron's*

- *Petersons*

Psychology

- 5 *Stepsto a 5*
- *Barron's*

Physics

- *Schaum's Outline of College Physics*
- *Barron's*

Statistics

- *Barron's*

留学攻略

★SAT1 与 SAT2 的区别

SAT 是美国大学招生时所使用的一个标准化考试，SAT 考试分：SAT1 推理测验和 SAT2 专项测验。SAT1 即推理测验，考数学，阅读和写作 3 个部分，题型主要为选择题，主要测验考生的写作、阅读和数学能力。每部分满分是 800 分，总分是 2400 分。SAT2 即科目测验，考物理、化学等科目，主要是通过对单科的考查，更详尽地了解申请者的单科能力。每科满分为 800 分，三门总分 2400 分。

SAT1 对词汇量，阅读量，写作水平和语法都提出了较高要求，SAT2 是分科考试，时间一个小时，SAT2 不同于 SAT1 那样被各大学广泛要求（约 180 所院校才要求 SAT2 的考试成绩）。然而，大多数著名的大学都要求学生提交 2 ~ 3 门 SAT2 成绩，以增加入学的机会。SAT2 有 22 种考试可以选择，包括数理化、生物、法语、西班牙语、中国汉语、日本语等。

★ 美国的考试

如果您的孩子在美国的初高中乃至大学就读，就必须通过某项甚至某些测试，它们的评价标准各有不同，下面带领大家来了解一下。

（1）中学生英语水平考试（SLEP）——初中生、高中生的托福

SLEP Test——“高中英文能力测试”是 Secondary Level English Proficiency Test 的缩写，即中学生程度英语水平考试，形象地说就是初中生、高中生的托福。SLEP 由美国普林斯顿测试中心（EST）提供，是美国及加拿大大部分中学判断国际学生英语水平的标准。

（2）新托福考试（TOEFL）

新托福考试不仅是国际学生申请美国大学的语言凭证，也是申请美国高中的语言资格之一。新托福考试是一种综合英语能力的测试，它要求考生具备整合听、说、读、写的能力，学习以英文作全方位的沟通，不再以记忆艰深的字词或钻牛角尖的文法结构为出发点。许多美国大学对新托福的考试方式给予极高的评价。考试题型为阅读、听力、口语和写作，满分 120 分，一般顶尖高中要求 80 分以上。

（3）中学入学考试（SSAT）

SSAT 考试的全称是 Secondary School Admission Test，即美国中学入学测试，相当于中国的中考。由位于美国新泽西州普林斯顿市的中学入学考试委员会 SSATB（Secondary School Admission Test Board）命题，接受 SSAT 入学成绩的学校，包括美国、加拿大以及世界各地优良的私立学校，全球约有 300 多个私立中学要求 SSAT 成绩报告列为入学申请的重要文档之一。所以，SSAT 是申请入学时提供给校方非常重要的参考指标。

（4）独立学校入学考试（ISEE）

ISEE 即独立学校入学考试，是 Independent School Entrance Exam 的首字母缩写。ISEE 由独立学校入学考试办公室（ISEE Operations Office）和位于纽约的教育档案局（Educational Records Bureau）主办，主要考查学生对文字和数字的推理能力。如同 SSAT 考试一样，ISEE 考试也有短篇的命题作文，但作文不记分，会被送到报考学校的招生部门作

为录取的参考。

（5）学术能力评估考试（SAT）

SAT 是 Scholastic Assessment Test 的缩写，即学术能力评估考试，是由总部位于美国新泽西州普林斯顿市的美国教育考试服务中心（Educational Testing Service）举办的。SAT 成绩是世界各国高中生申请美国名校学习及奖学金的重要参考。中国高中生若仅有 TOEFL 成绩，几乎不可能被美国前 100 名的大学所录取。此外，SAT 成绩也是决定中国高中生能否申请到奖学金的决定性因素。

（6）美国大学考试（ACT）

ACT 是一种测试美国高中生是否适合升入大学（college readiness）的标准化考试，也是美国大学在录取过程中遴选优秀学生的重要标杆，简而言之，就是“美国高考”。目前，ACT 和 SAT 成绩在申请过程中含金量相同，作用相等，可互相代替。美国排名前 50 的大学全部要求申请人提交 ACT 成绩或 SAT 成绩。

（7）AP 课程考试

AP 是 Advanced Placement（大学预修课程）的缩写，是由美国大学理事会主办的全球性统一考试。目前，已有 40 多个国家的近 3600 所大学承认 AP 学分为其入学参考标准，其中包括哈佛、耶鲁、牛津、剑桥、哥伦比亚大学等美国常春藤盟校，英联邦及世界名校。AP 成绩不仅成为美国大学的重要录取依据，而且全球公认。英国、加拿大、澳大利亚等国的大学也已将 AP 作为奖学金录取与转学分的主要条件之一。

美国高中 AP 课程有 22 个专业 37 门课程，每门课程的考试内容会有所差别。考生可以根据自己的实际需要选报考试科目，并向美国教育考试服务中心申请。AP 考试采取 5 分制。一般 3 分以上的成绩即可被大多数大学接受，并且在今后上大学时可折抵多至一学年的大学学分。

第二篇

申请季那些事儿

最初，对于申报美国大学，我们全家既没有经验、亲朋好友也没有任何成功案例可以参考，就连参加常春藤盟校在温哥华的招生会，爸爸妈妈都听不懂。事后，我问：“你们帮我记录下什么有用的信息了吗?”他们说：只记得现场的人山人海……

很多朋友的爸妈都能帮孩子参考，为大学申请的事情提供很多帮助和参考意见，虽然我爸妈不能独立做到这点，可是我仍然需要他们的支持和帮助多过任何其他帮助。我要赶鸭子上架了。我开始指挥及策划团队的战略方式。我先向服务人员要来学校的参考资料，挑选出自己感兴趣的学校，然后找到这些学校招生负责人，仔细的询问学校情况。回到家后我在这些学校资料里认真的筛选，上网找资料，最后我和爸妈说：“我要报考美国大学。”

就像出国前，我和爸妈说“我要去加拿大”时一样，我的话音一落，我们一家人又开始为申报忙碌起来了。

有了目标之后，就要义无反顾地走下去，路不仅是走出来的，有时候也是被逼着走出来的。爸妈开始上网了解申报美国大学是怎么回事，一点一点地找资料、查字典、补英语和了解申报美国大学事宜，尽量去明白我在忙什么。

爸爸的一贯作风是，无论做什么事情，都会先明确自己的目标再制订详细的计划。共通讨论的结果，是一整套为我量身定做的私人计划。

第四章　“私人定制”申报大学计划

爸爸手记

一、统计活动

如何准备申报材料是申报的基础。首先，我们开始了活动的统计归纳，这个任务对我们来说就像海底捞针，不知道应该用什么样的方法能，够取得怎样的结果，但是我们一家人快乐的摸索并乐在其中。

具体来说，2011 年 1 月也就是十一年级第二个学期，我们就开始了申报大学的第一件事：活动归纳。你非常热衷于社会活动，那么多的活动我们从哪里入手？好在你平时记录了自己大大小小的活动，虽然是流水账形式，不过都详细地记录了活动细节和时间。

当你把流水账交给我们时，我和你妈都惊住了：十多页密密麻麻全是英文，偶尔有些中文，简直是天书，我们怎么看得懂？幸亏你妈妈记忆好，硬是对照以前的日历和记录，回忆起每一次活动。最终，花了差不多两个多月的时间才把它们整理好，并根据这些活动的性质不同分成了六类。以下是我们对你十来页流水账的简单总结：

（一）体育类

1. 游泳：十年级你在校队“混”了一年。

2. 高尔夫：是学校业余高尔夫队队员。

3. 武术、乒乓球、羽毛球等类的兴趣爱好。

（二）文艺类

1. 舞蹈

（1）四岁开始练习，每周学习时间、上课学校、老师、地点的细节等。

（2）比赛获奖；如 Dance Power 竞赛抒情舞和爵士舞金奖等。

（3）表演

①大型表演汇总：如 Dance Co. 年末汇演。

②社区义务演出汇总：如在敬老院表演等。

③担任编舞角色为同学排舞细节。

2. 琵琶

（1）十一岁开始学习，每周上课时间、老师及评语等细节。

（2）级别认证：中国 10 级、海外 8 级。

（3）参加剧团：是温哥华东方琴韵乐队主要成员，3Bs Club 民乐队创始人。

（4）各比赛汇总，如温哥华 Kiwanis 音乐比赛琵琶组第一名等。

（5）表演及比赛共 72 场。

①各大型表演汇总；如温哥华春节庆祝、国庆表演、宋庆龄基金会募集活动等。

②各社区义务演出汇总；如在敬老院、社区中心演出等。

（三）文字及影像类

1. 个人新浪博客：记录成长历程及心得，文章 200 篇，文字 20000 字以上等。

2. 九年级暑假与同学为 Covenant house（流浪者之家）捐款捐物，

并建立网站。

3. 协助创建 Kitslano Neighborhood House 社区中心博客。

4. 创建与撰写 WPGA Club Blog，介绍学校各个社团与学校课外活动。

5. 担任《环球华报》之“海念视角”专栏的专栏作家。

6. 参与加国政府关于华人移民史的项目，和西门飞沙大学、中侨联合制作，自编自导自拍中加教育短片。

7. 作为最年轻的自由党员之一获 FM96.1 电台采访。

（四）证书类

1. Duke of Edinburgh Award 爱丁堡计划：金、银、铜奖。

2. 琵琶考级证书。

3. Emergency First Aid 急救证书。

4. 学校义工奖等。

（五）义工类

1. 3Bs Club 创建者、活动策划编导、主持人、舞蹈队创始人、编舞、民乐队创始人和表演者。

2. 对各项参与活动的汇总，如年末汇演、敬老院慰问、Kids Only 5 Km Run 义工等。

3. 由此而获得的各项奖章，如政府颁发的 the City of Vancouver Youth Award，学校局与学校联合颁发的 Distinguished Achiever、Outstanding Alumni 等。

4. Kitslano Neighborhood House 社区中心青少年顾问团从成员到领袖。

5. 组织筹办各种活动，如多元文化节、摄影竞赛、社区聚餐等。

6. 参与协助社区中心的各种义工活动，如秋季集市。

7. 自由党国会议员候选人袁薇的竞选团体：担任青年外联专员。

8. 参与各类助选活动，如为两次国会议员竞选做后勤、打电话、挨家挨户敲门宣传、协助组织烧烤和晚宴等。

9. 参与过的其他活动，如自由党两年一度的全国大会。

10. 参加中桥互助会的相关活动：

（1）参加 Youth Leadership Millennium 青少年领袖培训计划的细节，获毕业证书、口才培训证书、所在社区服务同野外生存小组获得最佳小组奖等。

（2）被选为下届领袖计划开幕式的总策划。

（3）曾在中桥 Walk with the Drag 活动记者发布会上演讲。

（4）在中桥与温哥华政府合作组织唐人街的庆冬奥活动中担任总策划：联络演员、义工，宣传活动，组织演出六场，参加团体 20 多个，演员 200 多人，义工 100 多人，观众数千人等细节。

（六）校内活动

1. 任校学生会义工部年级代表（经过年级竞选）。

2. Multicultural Club 多元文化俱乐部：从成员做起，担任过副主席和主席。在任期间，介绍了本俱乐部组织的各种活动，如多元文化夜、美食周等。

3. 参加 Science Competitions Club 科学竞赛俱乐部科学竞赛，如 Kwantlen Science Competition 和 Junior Physics and Engineering Competition 并获奖。

4. 参加 Math Club 数学俱乐部每周讨论会和数学竞赛，如 Canadian Open Math Competition（加拿大数学公开赛）与 Fermat Canadian Mathematics and Computing Contest，获全校第一并在全国获奖等。

5. 参加 Business Club 商业俱乐部：

（1）每周开会、接受培训。

（2）参加俱乐部的商业竞赛如 BC Business Challenge 卑诗省商业竞赛第二名、Impact Microcredit Competition 全国第一。

6. 创办 ClubBlog。

7. 创办 Clubs Fair Committee，并组织全校第一个社团日。

8. Public Speaking Club 演讲俱乐部：

（1）参加各类模拟联合国会议如在 McGill University 麦吉尔大学举办的 Secondary School United Nations Symposium。

（2）协助学校举办 Vancouver Youth Model UN 温哥华青少年模拟联合国。

二、归纳活动

怎样既能够简洁明了地把你的活动归纳起来，又能让招生官一眼就能轻易地发现你和你的特征？对此我们没有任何的模板和模式可以参照，也不知道哪一种形式最好。于是我们开始绞尽脑汁地想这个问题。

我们希望和你一起对全部活动做归纳，试着找出你是谁？你是一个怎样的人？你有着怎样的特点？你的与众不同在哪里？

虽然有经验和良好信誉的中介会帮助申请者完成自我挖掘和材料整理的过程，但是最了解孩子的莫过于父母。谁也做不到父母那样，反反复复在一大团乱麻中，找出自己孩子最闪亮的那个点，清楚明白地展示在招生官面前。

你让我们惊讶的是，在过去两年多一点的时间里，竟然做了这么多的活动，还做得这样出色！于是我和你妈妈花了好长时间、试验了很多种方法，最后用最笨的办法取得了突破：把你每项活动剪成小纸条，找出你从过去到现在的热情所在，再通过获奖的情况来反映你具备的能力，然后结合你今后的志向，三个方面用一条线索串起来，就比较简洁明了地展现出了你的特质。

经过无数次的排列组合，反复斟酌，我们在众多的线索中找到了一个主题：Culture Communications，and Politics（见图 8、图 9）。

找到主题线索后，你围绕着文化、传媒与政治这个主题，开始描述每项活动题目、简介与细节。你绞尽脑汁使这张表同时具有了两大特点：①细节性，因为细节是真实性的证明；②精简，假如招生官愿意看的话，因为他阅读时间有限，所以活动表篇幅越少越简洁越好，最好不要超过两页，所以你需要不断缩减文字、修改格式、合并活动以确保字数限制。最后你终于制作成了如下的表格（见图8、图9）：

Culture, Communications, and Politics

<Hainian's Perspective>--Weekly Columnist (G11-12)

Employer: Global Chinese Press, circulated in Canada

This is a newspaper column about an immigrant student's thoughts on western and eastern cultures, politics, and education systems. My blogging experience sets the foundation for this column. Although I always need to use my weekend time to write these weekly articles, the column is never a burden to me; every fresh idea drives me to type quickly on my keyboard. My travels, school life, and volunteer experience are all my inspirations. This column taught me to be more careful about using biased adjectives, and to try my best to capture every detail of the story.

Bridge, Bond, Build Club--Club Co-founder & Ex President, Dance Team & Music Ensemble Captain (G9-12)

City of Vancouver Youth Outreach Award, Vancouver School Board Distinguished Achiever, Outstanding Alumni Award

This club is the first government-funded organization in the Greater Vancouver area that helps new immigrant students. Under my proposal and leadership, it has become a group based on organizing performances in schools and community. In these three years, the club has helped over four hundred new immigrants. I choreograph dances for the Dance team, arrange songs for the Music Ensemble, organize activities for the club, and call meetings to help club members get used to life in Canada.

Wendy Yuan Federal Election Campaign (G9-12)

2010 Biennial Party Convention Youth Delegate, Youth Outreach Coordinator

Wendy Yuan is a Member of Parliament candidate in Vancouver Kingsway. In my first year, I canvassed door-to-door and called hundreds of speaking residents (learning quickly to identify their language -- Mandarin, Cantonese, or English -- by listening to the pitch of their "hello"). In grade ten, I was selected to help coordinate fundraising galas and thank-you barbeque. I was also able to participate in the Biennial Party Convention, meet with other delegates, and attend workshops on social justice and campaign strategies. These experiences have shaped my passion for culture and politics.

<The Best of Both Schools>--Video Director & Script Writer (G10)

Producer: Simon Fraser University, Sponsor: Citizenship and Immigration Canada

This is an eight-minute video production featured in the documentary film From C to C: Chinese Canadian Stories of Migration. It explores the lifestyle difference between Canadian and Chinese high school students and their opinions on the two schooling systems. The film was broadcast on CBC, Fairchild TV and China's Guangdong TV in July 2011, and this project inspired me to write a series of articles comparing Canadian and Chinese schooling systems.

Vancouver Chinatown Winter Olympics Celebration--Program Coordinator & Emcee (G10)

Employer & Sponsor: the City of Vancouver & S.U.C.C.E.S.S., a charity organization

This is a two-week celebration to promote the Olympic spirit to international visitors through cultural performances, interactive activities, and a live broadcast of Olympic games. I contacted 700 professional performers and persuaded them to volunteer during the celebration. I also negotiated with the performers and 150 other volunteers to plan out the program rundown. During the celebration, I picked up elders from Seniors' Homes every day and led a group of volunteers to distribute flyers.

Pipa (Chinese Lute) Learning and Performance --Principle Pipa Player-Vancouver Oriental Instrument Troupe (G9-12)

British Columbia Chinese Music Association Medallion, Kiwanis Music Festival: 1st prizes in Pipa solo and duet

We rehearse regularly and participate in the annual Vancouver Spring Festival, Chinese Cultural Celebration, and 60 other charity events. The Chinese Benevolent Association of Vancouver selected us to perform at the 60th Anniversary of the Founding of China. As a core member of the Troupe, I have learned to listen and cooperate with other instrumentalists. As we also visit senior homes every month, I found the seniors especially like classic pieces such as Red River Valley.

Ballet, Lyrical, Contemporary, Jazz, and Chinese Folk Dance (G9-12)

18th Dance Power Competition: Gold in Lyrical & Jazz, Silver in Ballet; Munich International Dance Festival: 5th prize in solo

When I first started dance at four, I was very inflexible. But I wanted to dance gracefully onstage. Every day, I asked my mom to put all her weight on my legs so that I could train a perfect split. After 14 years, from classes, performances, to international competitions, I have come to understand the idea of "no pain, no gain".

West Point Grey Academy (WPGA), Model United Nations/Public Speaking Club (G10-12, 1 hr/wk, 25wks/yr)

Vancouver Youth MUN: World Health Organization Assistant Director, Vancouver MUN: United Kingdom Delegate, Secondary Schools' United Nations Symposium: Sao Tome and Principe Delegate

The club meets weekly at lunch to practice our public speaking skills. The topics we covered at MUNs included climate change, desertification, and human organ and tissue transplantation. These experiences have inspired me to explore these global issues in the future.

图8　九、十、十一、十二年级的活动表1

WPGA Multicultural Club (G10-12, 1.5 hrs/wk, 30 wks/yr)

10: member, 11: elected Vice-President,12: elected President

I led Multicultural Club members to organize Christmas sales to fundraise for African children, Multicultural Week to share food from various cultures, and Multicultural Night to showcase cultural performances.

Community Service and Leadership

WPGA Club Committee and **Clublog** (G11-12, 3 hr/wk, 25 wks/yr)

Club Committee: Founder and Chair, CluBlog & CluBoard: Editor-in-Chief

When I first came to WPGA, I noticed that there was no group in school devoted to organizing all the school clubs. As a result, I founded the Club Committee and created the CluBlog on the school's website to promote co-curricular events, highlight school clubs, organize club fairs, and gather club leaders to share and discuss. I hoped that with CluBlog and Clubs Fair future new students would have less difficulty discovering their favorite clubs. I also frequently contribute articles regarding co-curricular programs to the school weekly newsletter, the Howl. (Link to the Clublog: http://wpgaclublog.wordpress.com/)

WPGA Student Council: Service Council (G10-12, 1 hr/wk, 25 wks/yr)

10: Member, 11: elected student representative

As the official channel of community service within the school, the Council initiates projects to fundraise for people suffered from earthquakes in Haiti and Japan, and organizes students to volunteer in local charities.

Youth Advisory Group at Kits Neighborhood House (G9-12, 2 hr/wk, 27 wks/yr)

9: Member, 10-12: Youth Coordinator & Blog Editor, BC Council for Families Distinguished Service Award

I helped organize the Through the Lens Photo Contest, Youth Week Talent Show, Climate Change Potluck, Cultural Performance, and various other events in the Kitslano community. I also edit the blog which updates secondary school students on local volunteer opportunities and explores issues such as education, multiculturalism, and politics.

Note-Taking at the **WPGA Skills Centre** (G10-12, 2 hrs/wk, 30 wks/yr)

10: AP Chinese, 11: Physics, 12: AP European History & AP English Language

I volunteered at this learning support centre to help fellow students and take notes for those absent in class.

Youth Leadership Millennium (G9-12, varies)

9: participant of the program, 10: Program Facilitator, Chair of the Opening Ceremony Committee

This program brings together youths to train their leadership skills through, camping, debate, projects and workshops. In the second year, I was selected as the program's spokesperson at its Press Conference and organized its 2010 Opening Ceremony.

Business and Mathematics

WPGA Business Team (G10-12, 1 hr/wk, 12wks)

Global Business Challenge, 2nd prize in British Columbia Impact Microcredit National Challenge 2011, winners are not yet announced

WPGA Math Club (G10-12, 1 hr/wk, 12wks)

Canadian Fermat Mathematics Contest, Top 50 nationwide & Best Performing Student in school Canadian Open Mathematics Competition, School Champion

WPGA Science Club (G10-12, 1 hr/wk, 12wks)

UBC Junior Physics and Engineering Competition, Bronze-10 Kwantlen Science Challenge, first prize in Math and Physics -10

图9　九、十、十一、十二年级的活动表2

我们还把图8、图9作为附加材料发给了申报的学校，他们看与否，我们不得而知。

三、获奖统计

有了活动表，你的思路清晰了。很快，我们把你九、十、十一、十二年级的获奖情况做了统计并制作成了表（见表1）。事实证明，活动的统计和归纳是申报的第一步，它和获奖表对你写作申报文章、大学申报表的填写都有着重大的帮助。

表1　　九、十、十一、十二年级获奖

九、十、十一、十二年级获奖
Duke of Edinburgh Award: Bronze, Silver, and Gold, 9 – 12
National AP Scholar, National AP Scholar with Distinction – 11
Canadian Fermat Mathematics Contest, Honor Roll (45/17349) & School Champion – 11
Canadian Open Mathematics Competition, Best Performing Student – 11
Global Business Challenge, 2nd prize in British Columbia – 11
UBC Junior Physics and Engineering Competition, Bronze – 10
Kwantlen Science Challenge, first prize in Math and Physics – 10
Canadian 18th Dance Power Competition, Gold in Lyrical and Jazz, Silver in Ballet – 10
Vancouver Kiwanis Music Festival, 1st prize – 10 &11
BC Chinese Music Association Medallion – 10 & 11
BC Council for Families Distinguished Service to Families Award – 11
Vancouver School Board Distinguished Achiever Award – 9
Vancouver School Board Outstanding Alumni – 10 &11
City of Vancouver 2009 Youth Outreach Award – 9

活动表、获奖表的内容随着你活动的延续、获奖的增加、成绩的更新而及时添加。

留学攻略

★ 培养孩子广泛的兴趣

在应试教育的竞争中，很多家长和孩子都患了“名次恐惧症”。在升学的压力面前，人们有时很难看清教育的真正意义，即使明白，也有很多的无奈。但有些事情，我们父母还是可以有所改变的。比如，不要紧盯着孩子的分数，尽量为孩子提供多彩的成长环境，培养他丰富的生活情趣。孩子与大量的事物和思想有自然的关系。我们培养的是一个社会的人，应该在体育、自然、社会、科学和艺术等多方面培养孩子的兴趣，让他们从小在这样活生生的“书”中，学习新的生存方式，而不仅仅是单一的书本知识。

事实上孩子的高分和业余兴趣应该是一个相辅相成的关系。这一点，西方的教育就比较明智，广泛的兴趣爱好和社会实践活动，丰富了念念对各种信息的接受，也直接拓宽了她的思维空间，促进着她的思考和探索能力，父母和孩子组成的一个团队，往往能打漂亮仗。

四、选择申报的大学

1. 既然我们确定了申报美国大学，那么就要选择哪些是我们要申报的大学。（表2）

表2　　申报大学的联系方式、截止日期等

Name of School	Potential Programs/Majors	Official Deadline	Admitted Student's SAT Range	App－lication	Contact Info
University of Chicago（Early Action）	International Studies；Economics；East Asian Languages and Civilizations	11/01/2011	R660－770 M650－760 W－－	Online－Common App	1101 E. 58th Street，Suite 105 Chicago，IL 60637 United States of America Phone：773－702－8650，Fax：773－702－4199 E-mail：collegeadmissions@uchicago. edu
Columbia University	Economics－Political Science； East Asian Studies	01/01/2012	R680－770 M680－780 W690－770	Online－Common App	ugrad－confirm@columbia. edu

续表

Name of School	Potential Programs/Majors	Official Deadline	Admitted Student's SAT Range	App - lication	Contact Info
Brown University	International Relations; Modern Culture and Media	01/01/2012	R650 - 760 M670 - 780 W660 - 770	Online - Common App	Box 1876 Providence, RI02912United States of America admission@brown.edu Phone: 401 - 863 - 2378, Fax: 401 - 863 - 9300
Harvard University	Social Studies; Economics; East Asian Studies	01/01/2012	R690 - 800 M700 - 780 W690 - 790	Online - Common App	86 Brattle Street Cronkhite Center Cambridge, MA02138United States of America Phone: 617 - 495 - 1551, Fax: 617 - 495 - 8821 E-mail: college@fas.harvard.edu
Northwestern University (Medill School of Journalism)	International Studies; Journalism; Communication Studies	01/02/2012	R670 - 750 M690 - 780 W670 - 750	Online - Common App	1801 Hinman Avenue Evanston, IL60204United States of America Phone: 847 - 491 - 7271, Fax: 847 - 467 - 2331 E-mail: ug - admission@northwestern.edu

续表

Name of School	Potential Programs/Majors	Official Deadline	Admitted Student's SAT Range	App - lication	Contact Info
University of California, Berkley	Business; Asian Studies; Media Studies	11/30/2011	R580 - 710 M630 - 760 W600 - 720	Online - UC App	Office of Undergraduate Admissions University of California, Berkeley 110 Sproul Hall # 5800 Berkeley, CA94720 - 5800 Admissions Advising Location: 103 Sproul Hall, General Phone: 510 - 642 - 3175 E-mail: ucinfo@ucapplication. net.
University of California, Los Angeles	Business Economics; Communication Studies; Economics; International Development Studies	11/30/2011	N/A	Online - UC App	E-mail: ucinfo@ucapplication. net.

R - Reading, M - Math, W - Writing

这是我们选择的部分希望申报大学的联系方式、申报截止时间、2010 年 50% 录取学生的 SAT1 成绩、感兴趣的专业等。

2. 对申报的大学分类

经过第一轮申报大学的选择，我们筛选出了自己中意的一组大学，但这组大学的数量还是很多，由于时间有限，我们开始把要申报的学校数量缩减，并把它们结合你的目前状况划分为三个类别：①超常发挥还要碰运气的：部分常春藤大学如哈佛、哥伦比亚大学等；②感觉合适有可能的：芝加哥大学、西北大学等；③比较有把握能保底的：加州大学伯克利分校、加州洛杉矶分校等。这样的分类，既有高目标的学校、又有比较适中的学校，还有比较有把握可以保底的学校，所以我们的整个申报过程就会显得更有条不紊。

3. 提前申报大学的选择

提前申报的大学，我们决定在第 2 类中选择。通常提前申报被录取的概率比正常申报要高。如果选择正确并且被录取，意味着我们对自己的定位基本符合第 2 类大学。后面的正常申报就会变得从容有底气，我们就可以放心地在第 1 类大学里面做选择了；如果没有被提前申报的大学录取，意味着没有找到自己的定位，没有找到和自己水平相匹配的同一类大学。到时，我们只能面对茫茫“校海”感叹：到底哪些学校才是我的菜？

从 12 月中旬提前申报的大学公布结果，到 12 月底正常申报大学结束，只有不到半月的时间。在这短暂的时间里如果再重新寻找并确定自己的第 3 类大学，填写全部申请表，将面临时间紧迫、压力增大、情绪紧张的危险情况。我们曾亲眼目睹朋友的孩子遭遇提前申报的大学拒绝后，完全失去方向的慌乱局面。于是他在之后的半个月里匆匆忙忙报了十几所美国大学，在这种状态下填写申报表，效果就可想而知了。

我不了解其他申报美国大学的学生实际情况，但是我知道你在学习上有持之以恒的精神和敢于自我挑战的勇气；你参与的活动不但广泛，而且有些还很有深度；你有着敏锐的观察力和乐观向上的精神，这些都是选择申报学校及分类的重要依据。因为有了对你的活动、学术和获奖等方面的归纳总结，所以我们有勇气和信心做出适合你的判断。

我们选择了芝加哥大学作为提前申报大学：

(1) 芝加哥大学属于我们的分类中的第 2 类；

(2) 它的学术性很强（是全美学术最强的三所大学之一），本科经济专业全美第一，诺贝尔奖获得者人数是全美最高；

(3) 就地理位置而言，它不如东部的大学有优势；

(4) 你所选的课程在学校难度大，数学、物理、化学的 AP 在 10

年级就取得了不俗的成绩，但是，文科才是你的强项，重要的是你没有一味地只重成绩，也没有偏科。相比其他同学，你的成绩不差，从小就热衷于社会活动喜欢做义工，并通过文字与大家一起分享心得，小时候写日记，后来写博客，来到温哥华后，你在《环球华报》上还有了自己每周一篇的专栏，由此我们考虑如何突出你文科和写作的优势：

（5）基于对你10月初SAT1考试成绩预测和你参加完考试后的分析，我初步估算了一下你的各部分考分为：阅读不低于700分、数学不低于770分，而芝加哥大学2010年50%录取学生的阅读是660～770分之间，数学是650～760分之间。

另外，芝加哥大学也是爸爸上大学期间梦想的学校。它的提前申报属于早行动，也就是被录取了你可以选择去，也可以选择不去，这样你的自由度就更大。综合分析，我认为你申报芝加哥大学有优势，因此我们就把芝加哥大学确定为你提前申报大学。

考试成绩的预判非常重要。假如我们对你10月初SAT1考试成绩的预估出现较大的偏差，假如你这次SAT1成绩总分经过3个礼拜出来后才发现总分低于2200、阅读低于700，那么提前申报芝加哥大学就存在着风险。而提前申报的截止日期美国东部时间11月1日0：00am。距截至申报日期短短的几天时间，既要找提前申报的大学，又要填写通用申报表和附加申报表，难度太大时间太紧，申报成功的概率也肯定很小很小。所以，如果10月份之前没有理想的SAT1成绩，参加10月初SAT1的考试成绩，刚好赶上提前申报的填写，这时选择提前申报的大学就要有不同档次的备份，当然工作量也会成倍的增加，对孩子来说申报的压力会更大。

4. 列明申报截止日期

为能在规定时间内完成申报，我把选择学校的正常申报、提前申报的截止日期、容许的申报方式等列成表（见表3），表中时间以美国东部时间为准。这个表格，清晰明了，让我们一眼就能看清各个学校的申报详情。

表 3　　选择的学校正常及提前申报截止日期和申报方式

University	Regular Decision Deadline	EA/ED Deadline	Application details	Fees (Online)	Fees (via paper)
Harvard	01/01/2012	11/01/11	either apply on – line or send an application through the mail.	$75	$75 ?
Columbia	01/01/2012	11/01/11	On – line or paper (requested by calling 212 – 854 – 2522)	$80	$80
UChicago	01/02/2012	11/01/11	On – line or paper	$75	$75?
Northwestern	01/02/2012	11/01/11	On – line or paper	$65	$65
UCBerkeley	11/30/2011		On – line		
UCLA	11/30/2011		On – line		

5. 制作作息表

九年级、十年级，在你的曲曲折折、寻寻觅觅、跌跌撞撞中一晃就过去了。到了十一年级，离我们申请大学的预定时间越来越近了，相对于前两年的状态，今年我们决定要更有计划的来完成这一年的课程，在确定了申请的学校后，我们需要一个详细的执行计划。

首先，我们以美国大部分大学申报的截止日期为终点，制作了倒计时日历。看着它，感觉到申报截止日期在一天天向我们逼近。

为了让紧迫感转化为动力，为了能够让你在学校学习、自学课程、社会活动、SAT 学习、申报准备等各个方面齐头并进，我们在不同时期制定了不同的作息时间表。图 10 是你 2011 年 9 月下旬的作息时间表，图 11 是 2011 年 12 月下旬的作息时间表。

2011年9月20日至2011年10月1日作息时间表

Time	MON	TUE	WED	THU	FRI	SAT	SUN
	D1/D2	D2	D1	D2	D1		
6:45	起床	起床	起床	起床	起床	起床	起床
6:45-7:10	洗脸	洗脸	洗脸	洗脸	洗脸	洗脸	洗脸
7:10-7:50	读背	读背	读背	读背	读背	读背	读背
7:50-8:10	早餐	早餐	早餐	早餐	早餐	早餐	早餐
8:10	上学	上学	上学	上学	上学		
8.20-9:30	D1/D2	AP English L 12-D2B1	StudyBlock12	AP English. L 12-D2B1	StudyBlock12	SAT	SAT
9:30-10:40	D1/D2	AP Statistics D2B2	AP Microeco-NomicsD1B2	AP Statistics D2B2	AP Microeco-Nomics-D1B2		
10:40-10:55	Recess	Recess	Recess	Recess	Recess		
10:55-11:10	Advisory	Advisory	Advisory	Advisory	Advisory	SAT	SAT
11:10-12:20	D1/D2	AP European His 12 D2B3	StudyBlock12 D1B3	AP European His 12-D2B3	StudyBlock12 D1B3		
12:20-1:10D1 12:20-1:30D2	Lunch	Lunch	Lunch	Lunch	Lunch	Lunch	Lunch
1:10-2:20 D1 1:30-2:40 D2	D1/D2	English Liter Ature12-D24	History 12 D1B4	English Liter-Ature12-D2B4	History 12 D1B4	SAT	SAT
2:20-3:30 D1 2:40-3:30 R B	D1/D2	Rotating Block	Spanish 12	Rotating Block	Spanish 12		
4:00	回家	回家	回家	回家	回家	作业	作业
4:00-4:25	冲凉	冲凉	冲凉	冲凉	冲凉		
4:30-5:20	晚饭	晚饭	晚饭	晚饭	晚饭	晚饭	晚饭
5:20-8:20	SAT	SAT	SAT	SAT	SAT	作业	作业
8:20-8:35	活动	活动	活动	活动	活动	活动	活动
8:35-10:20	作业	作业	作业	作业	作业	作业	作业
10:20-10:30	准备睡觉	准备睡觉	准备睡觉	准备睡觉	准备睡觉	准备睡觉	准备睡觉
10:30	关灯睡觉	关灯睡觉	关灯睡觉	关灯睡觉	关灯睡觉	关灯睡觉	关灯睡觉

图 10　2011 年 9 月 20 日至 2011 年 10 月 1 日作息时间表

计划和表格容易制定，执行却非常难。这段时间我们全家好像进行着一场艰难的战争，对手就是我们自己。面对这些苛刻的时间计划表，大人执行起来都很难，更何况孩子，刚开始的时候，因为压力大，你脾气开始暴躁，还经常向我们发火。地板上现在还留着你扔杯子的印记呢！但每次发完脾气，你都能主动道歉，反省完自己，擦干眼泪，转身又按照计划表来。在我们共同的努力下，终于熬过了最困难的日子，并且慢慢理出了头绪，计划执行得越来越好。严格执行作息计划表，确保了你的睡眠，提高了你的学习效率，也让我们如期完了成各方面计划。

Time	MON 19/26	TUE 20/27	WED 21/28	THU 22/29	FRI 23/30	SAT 24/31	SUN 18/25
6:40	起床	起床	起床	起床	起床	起床	起床
6:40-6:50	洗脸	洗脸	洗脸	洗脸	洗脸	洗脸	洗脸
6:50-7:25	读背	读背	读背	读背	读背	读背	读背
7:25-8:00	早餐	早餐	早餐	早餐	早餐	早餐	早餐
8:00		去考核		去考核			
8:00-10:00	SAT	SAT	SAT	SAT	SAT	SAT	SAT
10:00-10:15	活动	SAT	活动	SAT	活动	活动	活动
10:15-11:30	SAT	SAT	SAT	SAT	SAT	SAT	SAT
11:30-12:00	Lunch	SAT	Lunch	SAT	Lunch	Lunch	Lunch
12:00	去培训	Lunch	去培训	Lunch	去培训	复习	复习
12:30-2:30	SAT	SAT	SAT	SAT	SAT	SAT	SAT
2:35-2:55	回家	回家	回家	回家	回家	SAT	瑜伽
3:15-4:15	跑步	跑步	跑步	跑步	跑步	跑步	瑜伽
4:20-5:00	冲凉	冲凉	冲凉	冲凉	冲凉	冲凉	冲凉
5:00-5:50	晚饭	晚饭	晚饭	晚饭	晚饭	晚饭	晚饭
6:00-9:30	复习	复习	复习	复习	复习	复习	复习
9:30	结束学习	结束学习	结束学习	结束学习	结束学习	结束学习	结束学习
9:50	关灯睡觉	关灯睡觉	关灯睡觉	关灯睡觉	关灯睡觉	关灯睡觉	关灯睡觉
必需严格遵守作息时间，不能浪费1分钟。若有违反责任自负。							

图11　2011年12月18日至2011年12月31日作息时间表

留学攻略

★ 用“计量”的方式提高孩子学习成效

我自己是一个较重视学习方法与成效的人，习惯用“数字”来计划孩子的学习。我发现，不管是培养兴趣或是英文习惯的养成，刚开始如何建立习惯是最困难的部分。比如说，可能有读者看了这本书马上就想应用在孩子身上，但过不了一个星期就又荒废，或是因为自己事业忙碌，或是孩子推脱就不了了之。其实，我自己也经常发生这种状况。因此，我便用一个较为有效的管理方式来管理自己和孩子，那就是“计量”。我的方法便是，一旦和孩子沟通好要做一件事，我们会先制订目标和计划，然后用数字和表格的方式来“计量”我们的进步，具体和大家分享如下：

（1）设有一个数量目标，让自己有想完成的感觉和成就感。提到学英文，大家都知道要多听、多读、多写，但是要怎样才算“多”？似乎不采用“计量”的方式，是很难知道实际花在学英文上面有多少。如果目标能设定好小时，并且把计划完成的日期写好，在墙上贴一张表，只要每天做到预定的时数就打个钩一个星期之后，累积了越来越多的打钩，目标就越来越近，就会有种成就感，这对学习者来说是一种鼓励。

（2）人性本“惰”。一般人往往是做事三分钟热度，因此最好有一个衡量基础来提醒自己要加油，而且重要的是找到一个方式，可以让他按进度来学习。

（3）建立“新”习惯是一种自我挑战。尤其对家长而言，很多人以为只有孩子才难以建立新习惯，事实上，这对家长来说更难。因为这些习惯刚开始都需要家长指导和配合，家长要先能接受这些改变，才有办法陪着孩子彻底执行。我的经验是，目标计划刚制订时，孩子大概进行完前二分之一，习惯就渐渐成型了，这时，家长可以稍微评估一下，看看孩子到目前的成效如何再做调整。

（4）不要给孩子带来太大的压力，毕竟很多活动都是原本生活的一部分。在这个“填满”的过程中，习惯就会渐渐养成。此外，针对年纪较小的孩子，家长可以适当调整计划，其实每个家长都会做的，但若能用“计量”的方式完成，自己也能明确知道投入多少时间，孩子学习或进步的幅度有多大。等到执行一个阶段后，再去检视孩子哪些部分做得多，哪些又做得少，再从计划里去调整。

美国大学申请种类和录取方式

美国大学的录取方式包括常规录取（Regular Decision，RD）、提前录取（Early Decision，ED）、提前行动（Early Action，EA）和滚动录取（Rolling admission）。

一、申请种类

（一）常规申请：申请截止日期相差很大，绝大多数好学校在12月底到1月初。三、四类大学（Tier3 / Tier4）甚至有学校截止日期在7~8月。录取结果大多在3月中至4月中公布，在5月1日之前回复学校是否就读该校。

（二）提前决定（ED）和提前行动（EA）：是指比常规录取更早递出的申请，根据是否具有约束力和可否同时申请其他学校而分为提前录取（Early Decision，ED）和提前行动（Early Action，EA）。ED/EA申请截止日期一般在每年的10月中旬至11月中旬，录取结果在12月中旬公布。

（三）滚动录取（Rolling Admission）：学生可以在很大的一个时间段内递交申请（通常有6个月之久，有些大学没有截止日期，以招满为止）。学校通常在申请递交几周内，审查该申请人的申请材料，并将其决定通知申请人。因为滚动录取的大学经常使用先申请先录取，先给予住房和奖学金/财政援助的政策。如果一个学生误以为滚动录取等于没有最后录取期限，可能会错过本来属于他的住屋或奖学金/财政援助的申请机会。

二、录取决定

提前决定录取和提前行动的录取结果有三种：①录取，如果你收到的是录取通知书，那么我们恭喜你终于如愿以偿，而ED录取是不能改变的。②拒绝，收到的是拒绝信，就意味着这是最后的决定，你也不得再次申请今年这个学校的常规录取。③延迟决定，如果你收到关于延迟的决定的通知，就意味着能否录取你要等到常规录取时看其他递交申请学生的总体情况才能决定。

常规录取的结果也有三种：①录取，②拒绝，③进入等待名单。前两种与提前录取和提前行动的情况一样，至于进入等待名单就意味着只有其他录取的学生不想去时，才有可能被录取。值得提醒大家主意的是，在等待名单上的学生被录取的可能是相当低的。

推荐书目

Book of Majors，College Board 编著，出版社：College Board

College Handbook，College Board 编著，出版社：College Board

名词解释

USNEWS 排名：美国有多个机构对大学进行排名，如《美国新闻和世界报道》（*US News and World Report*）、《普林斯顿评论》（*The Princeton Review*）、《商业周刊》（*Business Week*）、《华尔街日报》（*Wall Street Journal*）等，其中最有影响力的就是由《美国新闻和世界报道》在每年 8 月发布的美国大学排名，也就是常说的每年的 USNEWS 排名。每年的 USNEWS 排名不但是学生家长了解大学的重要依据，也是美国各大名校的奋斗目标。这是美国最重要的、最具有实际参考价值的大学排名。如下为最新 US News 美国大学排名（前 20）。

2014 年 USNews 美国大学综合排名（本科），含学费、录取率等：

排名	美国大学	译名	学费	学生人数	2012 年录取率	新生保留率	6 年内毕业率
#1	Princeton University Princeton，NJ	普林斯顿大学	$40170	8010	7.9%	98%	96%
#2	Harvard University Cambridge，MA	哈佛大学	$42292	19726	6.1%	98%	97%
#3	Yale University New Haven，CT	耶鲁大学	$44000	11906	7.1%	99%	96%
#4	Columbia University New York，NY	哥伦比亚大学	$49138	23168	7.4%	99%	97%

续表

排名	美国大学	译名	学费	学生人数	2012 年录取率	新生保留率	6 年内毕业率
#5	Stanford University Stanford, CA	斯坦福大学	$43245	18217	6.6%	98%	95%
#5	University of Chicago Chicago, IL	芝加哥大学	$46386	12508	13.2%	99%	92%
#7	Duke University Durham, NC	杜克大学	$45476	15386	13.4%	97%	95%
#7	Massachusetts Institute of Technology Cambridge, MA	麻省理工学院	$43498	11189	9.0%	97%	93%
#7	University of Pennsylvania Philadelphia, PA	宾夕法尼亚大学	$45890	21339	12.6%	98%	96%
#10	California Institute of Technology Pasadena, CA	加州理工学院	$41538	2243	11.8%	98%	92%
#10	Dartmouth College Hanover, NH	达特茅斯学院	$46752	6277	9.8%	98%	96%
#12	Johns Hopkins University Baltimore, MD	约翰霍普金斯大学	$45470	21001	17.7%	97%	94%
#12	Northwestern University Evanston, IL	西北大学	$45527	20439	15.3%	97%	93%
#14	Brown University Providence, RI	布朗大学	$45612	8885	9.6%	98%	95%
#14	Washington University in St. Louis St. Louis, MO	圣路易斯华盛顿大学	$44841	13952	17.9%	97%	94%
#16	Cornell University Ithaca, NY	康奈尔大学	$45359	21424	16.6%	96%	93%

学生的费用除了表中所列学费外，还有住宿费、伙食费、零花钱等依大学及所处位置而不同，如纽约要比芝加哥贵。

推荐网站

US News 网站 http：//www. usnews. com/education

第五章　申报文章之我见

磨刀不误砍柴工——在森林氧吧跑步

有关申请季的话题，永远也说不完。这个阶段，需要很多灵感去撰写文案，需要很多体力去完成申报，怎样才能保证在极度疲惫的状态下仍然保持灵感和体力呢？我选择去森林跑步。

在不列颠哥伦比亚大学附近，有一大片城市森林。傍晚时分，很多人在森林里跑步。我们一家三口也在其中。我们常常排成一列，像一个训练有素的小队。这是我们今年暑假每天雷打不变的娱乐项目。蜿蜒的小路上，阳光透过密密的树叶将光和影斑驳地洒在我们的后背上。安静的森林里，除了小鸟的歌声，还有我们的欢声笑语。

三人中最偷懒的是我。跑了不一会儿，我就开始慢悠悠地走着了。爸爸回过头来催促道："磨洋工呀？跑起来！"我忙说："休息休息。磨刀不误砍柴工，没看见我正磨刀吗？"爸爸听了觉得有理，跑到前面去了。他跑了一会儿，发现我还没赶上来，于是又折回来，看见我还慢悠悠地走着，故意好奇地问："还在磨刀呢，怎么就不见你砍柴？"我马上回嘴道："如果我跑起来，那简直就是健步如飞。即便走，也走得大步流星。""什么健步如飞、大步流星，我看你就是在扭秧歌。"爸爸假装生气地说。

三人中跑得最慢、最吃力的当然是妈妈，但是她却最认真。一路小跑下来，无论多么吃力，她从不停下来。我觉得同她一起跑步，就像是兔子和乌龟赛跑——没意思。

那天，一出门发现天上下着小雨，我要求回家换衣服。妈妈说她不回去换衣服了，先跑，省得我们总是等她。好，反正她那么慢，等我们换了衣服也能很快追上她。可是，我和爸爸换了衣服出来，早已不见妈妈的踪影。我们跑了一会儿，还是没看见她的身影。爸爸乘机教育我说："你知道笨鸟先飞早入林的故事吗？你妈妈虽然跑得慢，可是她早一些跑，不停地跑，就把我们甩在身后了。现在你应该知道提前做事的好处了！"

"那又怎样？"我问。

"小鸟起来晚了，连虫子都没得吃了。"爸爸总是用这样的话来激励我。

"那虫子起来早了，不就被小鸟吃了吗？"这是我们家重复讲了无数次的冷笑话，我始终争取扮演虫子的角色。

在森林这个大氧吧里，我们呼吸着新鲜的空气，释放了一天的疲劳；在跑步的过程中，我们继续讨论着在家中争论无果的学习和申报中的话题，这些难题常常在跑步时反倒迎刃而解。

每当在树丛中发现一只五颜六色的小鸟，爸爸就会高兴地说："林子大了，什么鸟都有。"我马上接道："妈妈就是只笨鸟，爸爸是只啄木鸟，我就是躲在树丛中的那只总被啄木鸟逮住的小懒虫，哈哈！"

在森林氧吧里的短暂休息结束后，懒虫又重新变得精力充沛、回家继续撰写她的申报文章了……

爸爸手记

申报文章对于申报的学生来说太重要了，它是招生官了解你的重要窗口。为了选哪个题材、怎样表述，你困惑过、也哭过，我们一家人也争吵过、痛苦过。

1. 认清我是谁

申报美国大学让你认真地反思自己。你一遍一遍地问自己：我是谁？我该怎样将自己展现给招生官。很庆幸你能在 18 岁前，有机会认真地思考这个问题。认识自己，知己知彼，是一件非常重要的事，更是成长过程的必经之路。同时作为家长，我们也在反思，希望塑造一个怎样的孩子，这 18 年，我们又给予了孩子什么？

每一个爱着孩子的父母，都会尽自己所能，给孩子一个健康的成长环境。对于我们来说，给你温暖，给你尊重，让你掌握独立生活的能力，做一个能够兼具传统教育中德、智、体、美、劳全面发展和西方教育中自由、独立的人，这既是我们的理想，也同美国大学招收学生的理念不谋而合。

申报常春藤大学的过程是一个长期的、全面的过程，不可能一次考试决胜负，不是百米冲刺，不能一篇奇文定江山，反而像一场马拉松长跑比赛，成功失败不在此一举，而是在这个过程中慢慢磨、仔细筛，磨掉杂质，留下精华。申请常春藤的结果虽然重要，但比起结果，更重要的应该是你在此过程中学到的全面、客观的自我认识以及做一件事情的信心和毅力。如果你没有信心，或者毅力不够坚定，我们怎么能强行推着孩子向前走呢？

2. 正确选择文章题材

我们知道，每个招生官都会非常关注学生的申报文章。一篇好的文章不仅能够生动展示你的过去、现在，更能够有理有据地看到你的未来，同时让读者一眼就能看出你是谁，深刻地记住你的特征。只有你深刻地体会过、认真做过，才有可能写出最真实的感受。每个人的文章应该是独特的，并由独特的体会衍生出来，所以每个人的出发点都不一样。我们当时的出发点在于：如何通过描述一项或多项相关联的课外活动反映出你的思考和这件事对你未来的影响，因为这样能全面展示出你的几个主要特征：做事的毅力、领导能力、协作能力、观察能力和思考能力等。

为了选哪一个题材写申报文章、怎样写才能更好地展示你，我们有过无数次激烈地争辩。每当无法解决时，每当苦思冥想时，到森林里跑步以转换思维就成了我们的选择。你的《森林氧吧》就记录了我们当时苦中作乐的情景。

其实归纳活动表的过程对我们从诸多的活动中选出写作题材，有着至关重要的作用。最后我们选择了三个题材：一个是以你和西门菲沙大学合作的《中学生对比》项目为题材，写一篇500字左右的文章。你在文章中对比东西文化和教育，讲述了自己追求梦想的心路历程以及对两种文化的独到看法；另一个是以3Bs俱乐部为题材写了一篇500字左右的文章。这篇文章你讲述了自己从台上到台下、从主角到配角内心挣扎的瞬间；第三个是以给自由党做义工的经历写一篇150字左右的文章。这些取材都是以你所有活动中感触最深刻、做得最投入、影响最大的，具有你的特质并且符合你的志愿。

写文章如同制作艺术品

写申报文章的过程给我留下什么感想？

我想，写申报文章的那段日子让我觉得自己像是一个艺术家。

电脑屏幕仿佛一张油画布，键盘如同调色板，我的手指就像一支画笔。然而，怎样用画笔，将颜色调好，让油画布上的色彩冷暖相宜、形象栩栩如生、布局精巧还要别具一格，不仅需要艺术家的灵感，还要有思想家的深度、作家的细腻，甚至政治家的大局观。

1. 美国大学的申报文章分类

在申报准备的那段日子，我写了很多的文章。当时我们将这些文章分为四大类：

①通用表格所需要的短文章（约 100 ~ 150 字），我们当时简称为“短文”，讲述我的一个活动或工作经历；

②通用表格所需要的长文章（约 250 ~ 500 字），我们简称“长文”。长文我准备了两篇，不同的文章用于不同的学校。因为有时申报的学校专业不同，还有的时候我可以将另一篇长文用于附加文。通用表格的长文有六个题目选择；

a. Evaluate a significant experience, achievement, risk you have taken, or ethical dilemma you have faced and its impact on you.

b. Discuss some issue of personal local, national or international concern and its importance to you.

c. Indicate a person who has had a significant influence on you, and describe that influence.

d. Describe a character in fiction, a historical figure, or a creative work (as in art, music, science, etc.) that has had an influence on you, and explain that influence.

e. A range of academic interests, personal perspectives, and life experiences adds much to the educational mix. Given your personal background, describe an experience that illustrates what you would bring to the diversity in a college community or an encounter that demonstrated the importance of diversity to you.

f. Topic of your choice .

③各学校附加报表所要求的附加文章，我们简称为“附加文”。这类文章题目五花八门。当时我们遇见的附加文一般是问去年暑假做了什么事、成长的环境、为什么选择这样的专业或者自由发挥等。不过芝加哥大学的附加文题目比较奇异。以下为芝大 2012—2013 年的作文题：

a. “A man cannot be too careful in the choice of his enemies.” - Oscar Wilde. Othello and Iago. Dorothy and the Wicked Witch. Autobots and Decepticons. History and art are full of heroes and their enemies. Tell us about the relationship between you and your arch – nemesis (either real or imagined) .

b. Heisenberg claims that you cannot know both the position and momentum of an electron with total certainty. Choose two other concepts that cannot be known simultaneously and discuss the implications. (Do not consider yourself limited to the field of physics) .

c. Susan Sontag, AB51, wrote that " [s] ilence remains, inescapably, a form of speech. " Write about an issue or a situation when you remained silent, and explain how silence may speak in ways that you did or did not intend. The Aesthetics of Silence, 1967.

d. "... I [was] eager to escape backward again, to be off to invent a past for the present. " —The Rose Rabbi by Daniel Stern Present: pres · ent. 1. Something that is offered, presented, or given as a gift. Let's stick with this definition. Unusual presents, accidental presents, metaphorical presents, re – gifted presents, etc. —pick any present you have ever received and invent a past for it.

e. In the spirit of adventurous inquiry, pose a question of your own. If your prompt is original and thoughtful, then you should have little trouble writing a great essay. Draw on your best qualities as a writer, thinker, visionary, social critic, sage, citizen of the world, or future citizen of the University of Chicago; take a little risk, and have fun.

f. So where is Waldo, really?

④各学校附加表也有可能会要求“Why”文章，即“为什么选择我们学校”。

2. 给自己预留独自思考的时间

写文章的过程让我深刻体会到“思考”的重要性。你知道，我爱

做白日梦、爱成天胡思乱想，总是会发现自己不够时间去想东想西。因为脑袋充满太多的思绪，就像下水道被头发堵满，无法正常工作学习。所以，我决定每天给自己预留一些时间来清理“下水道”。比如，早上早点起来洗个澡，或者走路上学，等等。我利用这些时间，制订一天的计划，感激亲人和朋友，和自己的心灵对话，总结自己的思想行为，或者就单纯地让自己思如泉涌。这个时候，远离了外界的干扰、世间的繁杂，正好利于思考。美国著名思想家爱默生说过：“独处的时候，一个人是真诚的，当接触到另一人的时候，他就开始虚伪了。”这种独处时真诚的思考让我涌现出真诚的想法，也许这样才有可能会写出真诚的文章。

3. 将思绪记录下来

在写文章的时候，我常常有这种经历：想写的东西太多，思如泉涌，不知从何下笔。结果，很多灵感却因此瞬间即逝。

因为担心这些点子一下子就跑掉，我只好把它们都记录下来：在手机上、笔记本里，甚至手上（别告诉妈妈，她会生气的），这就像心理学家威廉阿姆·杰姆斯说的“一般人的注意力并不是自发性的，仅能够维持片刻”。只有将这些想法记在一张纸上，有文字的记录，想法才不会丢失，才能将“片刻”化成“永恒”，好记性不如烂笔头。我总抱着这个希望：自己的想法也许会慢慢长大，最终成为一篇申报大学的文章，一份申报表，一本书。

写博客、专栏和日记都是我记录想法的一种方式。

以前有些时候，你们逼着我写，可是现在我才明白，如今仍然能够在自己的文字里重温曾经的想法和经历是件多么美妙幸福的事。这种平日的训练和记录锻炼了我的思考和写作能力。更重要的是，它帮我积累了无数的素材，需要时终会用上的。

可是我也发现，把思绪记下来不是一件容易的事。写了这么久的博客和专栏，直到现在，我还常常纠结：我该不该写这个？我能不能写那个？我认为现实生活中的自己比较保守，不善于用语言敞开心扉。然而，每次到了灵感如泉涌的时候，我干脆就三两下将自己最原始、最真实的想法用笔写出来，虽然有时都不敢回去重新阅读自己的文章，但却体会到一吐为快的乐趣。

4. 丢掉形容词、善用动词

如果说写文章之前的准备让我体会到思考的重要性，那写文章的过程则令我明白动词的重要性。

我在修改自己和我的中国朋友的英文文章时，发现我们对动词的运用不够自如，相反，形容词却堆积如山。这时我觉得形容词就像不必要的奢侈品，而动词则如同食物、住宿一样是必需品。

原来，对动词的灵活运用可以让文章“活”起来。爸爸，你还记得吗，我有篇文章讲述了自己的练舞经历，里面有这样一句话：“I went to my rehearsal（我去排练）。”我描述了一天前去排练室为同学编舞的故事，意在表达我对排练的期待和对舞蹈的热爱。可是，这个“went”（“去”的过去式）在我看来太过平凡、枯燥、无味。它虽然简单地表达出了一个意思，可是我的文章文字限制是500字。单单500字是很难表达出深刻的思想、描绘出详尽的细节的，所以必须让500字里的每个字都得到充分利用。于是，我决定将“went”换成其他动词。我当时考虑过“sprint”“rush”“hurry”甚至稍夸张一点的“dash”（跑着），最后选择了“rush”。我后来再读了一次那个段落，一个单词的改变令整个段落活了起来。同样是占一个单词的位置，后来我用的动词不仅仅是叙述一个意思，更描绘出一个画面：一个女孩小跑着，心急如焚地想快点赶去排练，因为她热爱舞蹈。

还有一段经历让我体会到中西文化对动词不同的使用要求。在为申报实习工作撰写个人英文简历的时候，我的辅导员不停地督促我：“在描述你的活动时，一定要确保每个句子都是动词开头！招聘公司看的是一些本质上实际的东西：你做了什么、怎么做的，而不是一些你自己在后来添加的华丽的、用于修饰的辞藻。”而中文简历似乎不强调是否为动词开头。

5. 细节决定成败

爸爸，小时候你给我买过一本书，叫做《细节决定成败》。书的目的在于证明“细节”在管理中的重要性。作者意在告诉读者，细节是成就大事不可缺少的一部分。

从这本书里学到的东西在我写大学申报文章时同样适用。

记得我读一个学妹的文章，里面有一句话：“I love music（我热爱音乐）。”我觉得，这句话太直白了，没有告诉读者（也就是招生官）：她为什么热爱音乐？她做了些什么事来表达对音乐的喜欢和热爱？

如此直白、急切地告诉读者“我爱音乐”，在读者看来有种“为赋新词强说愁”的感觉。用行动、细节来证明这种热爱会显得更为真诚、真实。

“那好，”学妹说，“那我就加上‘我学习了七年的小提琴、我每周都参加排练、我参加了许多表演’。”我说：“可是你这七年里怎么学的？你每周参加什么乐团的排练，排多久？你参加过什么表演，有些什么令人无法忘怀的细节？”

细节不仅可以证明你这项活动的真实性，令考官相信你，更能有“欲说还休，却道天凉好个秋”的味道——含蓄蕴藉，语浅意深，耐人寻味。

6. 善于表达愿望

我们经常开玩笑，称美国常春藤盟校和其他顶尖大学为“高富帅”或“白富美”的说法是对他们的贬低了——人家可是皇帝的女儿不愁嫁。

在如今相亲节目泛滥的时代，两情相悦是双方交往的第一步，这必须要一个人先表白，而且这种表白要十分真诚动人。

特别在“why essay”中，也就是之前提到的第四类文章，要讲究巧妙含蓄并且热烈地表达出自己的那种强烈愿望。

要“表白”可真不容易。我做了无数的调查和搜索。比如，我曾逐字逐句地浏览过大学网站上的每个细节，然后和在读的学姐学长交流，找到相关专业教授的邮件并与其联络，再了解令我感兴趣的学生社团和它们组织的活动等。

写申报文章是一种表白，表白是一种艺术。太含蓄了，会难懂；太直白了，会肉麻。它既要讲究精简，又要能够用最少的字反映出最多的信息。我想，含蓄也罢，直白也罢，最重要的是真实。如果内容不真实，那再精美的艺术品也是个赝品罢了。

附：我的部分申报文章

（1）短文

“Wei?” trilled the woman on the phone. Judging from the pitch of her hello, I piped back in Mandarin, not Cantonese, “Hi! I am a volunteer for Wendy Yuan, a Member of Parliament candidate in your local riding. . . . ” I soon realized that she was a new immigrant and adjusted my strategy to explain the voting process. Not long ago, I was just like her, a newcomer to Canada. Burning with curiosity about this new system called “democracy”, I campaigned for Wendy and canvassed hundreds of residents. In grade ten, I became responsible for leading twenty youth volunteers and helping to organize fundraising galas and thank – you barbeques. I also seized the opportunity to participate in the Biennial Liberal Convention. My work with Wendy has prompted me to ask: how to involve more new immigrants in local politics? How can we improve our current system by learning from different cultures? This work has inspired me to study culture, communications, and politics so that I can contribute to my community.

(2) 长文

A Goddess Costume

The stage lights gleamed. The music wafted gently from the speakers. Seven elegant dancers were finishing their final rehearsal. But I sat anxiously in the eighth row of that auditorium. I could almost hear my costume wriggling in the bag. I gripped it tightly, as if I was grasping a shameful part of my heart. Not wanting anyone to see my tears, I rushed into a small washroom. My reflection in the mirror asked me, "Why are you afraid of letting it go? Why can't you lend her your costume?" Her questioning look stirred me to tears, "Because... this costume is too important to me and no one knows I have it..." She sighed, "But you know it yourself." I paused, thinking.

It was only a year ago that I had founded the Bridge, Bond & Build Club to give new immigrant students opportunities to showcase their talents and leadership. I started by recruiting student performers and organizing performances. The night before the club's first show, I tossed and turned restlessly in bed. The next day, when I saw two hundred audience members laughing and clapping along, I knew I had finally found my place in my new country. I relished my moment onstage, but I never realized that it would be my last performance there.

In grade ten, I left my old school and the stage I had built with my classmates. But this could not force me to leave the club and to teach its dance team my favorite Chinese folk dance, Ascent of the Moon Goddess. I had grown up learning this dance, and I loved it so much that I even brought my goddess costume from China. According to the dancers'different levels, I changed the choreography by combining the gracefulness of Chinese dance and the complexity of Western styles. Seeing the dancers' improvement, I was elated. My heart, however, was also sinking; I still vaguely hoped to perform on that stage again. So I secretly hid my goddess'costume, although I could have been generous and lent it to Cindy, the lead dancer.

As the music ended, I snapped back to reality. My reflection was still staring at me. She was right. I knew it myself: I knew I could have made the dance better and Cindy more dazzling; I knew that a traditional Chinese dance without costumes is like a book missing its cover. Tomorrow when Cindy danced with that stunning satin dress, how would she feel? When the audience gave the dancers an overwhelming applause, would they feel the same thing as I did last year? Would they also find their confidence in this new country? In a split second, my mind let go of my ownership of the costume. I rushed to find Cindy and freely offered her the opportunity to wear the costume. It felt like I was leaving my struggles behind in that dark room.

On performance day, Cindy glided gracefully like a real goddess. I watched from the wings: the dance was perfect. When Cindy finished a grand jeté and landed in my direction, she gestured to me with her hand. I knew that she was saying thank you. My heart felt a sweetness that I had never tasted when I performed onstage. It was a sweetness that came not from what I got, but rather, what I gave.

（3）附加文之一：为何对此专业/行业感兴趣

Exploring and comparing western and eastern cultures are already beyond my passion; they have become my way of life. When I campaign for Wendy Yuan, a local Parliamentary candidate, I canvass residents of various cultural backgrounds, intrigued by their different interpretations of democracy. When I organize performances for new immigrant students through the 3Bs Club that I funded, I observe the cultural shock that these club members experience and help them adapt to life in Canada. When I translate my Chinese essays into English, I enjoy switching between two languages, thinking from two perspectives. When I write my column for the Global Chinese Press, I recall my migration story, a hodgepodge of clashing yet comparable values.

While brainstorming for my column, I examined the contrast between student council elections in my Canadian and Chinese schools. David, a Canadian classmate, called out, "Children! David will organize a teachers' roast." This would be unthinkable in my school in China, where Dawei announced, "I would lead fellow students to beautify the halls." The silent audience nodded as she emphasized "respect and responsibility". Why are Canadian and Chinese student elections so different? Is it because the education systems and cultural values differ? Do student elections reflect social and political systems? Thinking about such questions inspires me to pursue East Asian Studies. In the globalized world, the West and East need a bridge between them; I aspire to bridge these two cultures, as a diplomat or journalist.

(4) 附加文之二：你最喜爱的课程和喜爱的原因

I enjoy all my classes this year. However, if I had to choose my favourite, I would choose AP English Language and Composition. In English, I find the freedom to apply and synthesize my knowledge of other subjects. When reading Macbeth, we discussed the motives of the three witches who tempted Macbeth to murder the king. I asked, "What if they are not witches but rather, common people who said something that piqued Macbeth's ambition?" I recalled learning about self - fulfilling prophecies in AP Psychology. To my delight, this question raised a heated debate. When reading Jostein Gaarder's Sophie's' World, a novel about the history of philosophy, I was able to interpret the novel by drawing upon my knowledge of AP European History, especially St. Augustine's fusion of philosophy and

Christianity during the Middle Ages and John Locke's Theory of Mind that led to Enlightenment.

In English, I find a rare moment to contemplate. A comparison essay assignment inspires me to deeply investigate Chinese and Canadian education systems. The discussion of a Chinese American author Maxine Hong Kingston's "No Name Women" allows me to reflect on my dual identities. Michael Ignatieff 's political essays inform me about this politician whom I met at a Party Convention. My English teacher's Socratic questioning, moreover, leaves me thinking even after I get home. It is English where I find my passion for studying the connections among media, society, government, and history.

（5）附加文之三：为什么选择哥伦比亚大学

Dear Columbia,

I dreamed of you again last night. I was at the Starr Library, one of the major collections on East Asia in the nation, chatting with my Columbia classmates. Their motivation and enthusiasm were so infectious. I soon started the challenge of researching my senior thesis for the East Asian Studies major. As I left the library, I found my way to Professor Lindenmayer's office with questions about the development of the United Nations. Inspired by our conversation, I headed off to the Kent Hall for Premodern China Lecture Series and signed up for Columbia in Beijing at Tsinghua University study abroad program. Then I enthusiastically dashed to one of my favorite Core Curriculum classes, Contemporary Civilization, and contributed to an intense discussion about Descartes' Meditations. Through the Core, I found myself thinking more deeply, and therefore (as Descartes says) I am.

As the afternoon sun spread across the classical, urban campus, my dream continued. I hastened along Broadway, grabbed a coffee and went to register as a dancer for the Dance Marathon. I also applied for internships at the UN and attended a speech hosted by the renowned Columbia International Relations Council and Association. When the sun set, I started my column for The Columbia Spectator. The topic? What I find appealing about Columbia and why. While I was writing furiously, the alarm clock buzzed. I realized it was a dream, and awoke determined to make it real.

Yours truly,

Helena

爸爸手记

申报每个环节的细节均已做完，接下来需要注意的是申报的步骤。为了能更好地填写申报表，我们也做了充分准备，并按申请步骤一步一步地完成了申请工作。在这一过程中我总结出了每一步骤的注意事项、小窍门和自己的心得。

1. 注册登记通用表格

2011 年 8 月 1 日，你在 The Common Application（通用表格）网站（https：//www. commonapp. org）上做了注册登记。该网站是美国大学本科入学申请的一站式网站，适用于包括哈佛在内的将近 500 所美国大学。每年 8 月 1 日，通用表格委员会会推出最新的版本（每年只有微小的变动），学生可以开始注册。有些学校既可以在网上申报，也可以把下载的申报表手写后邮寄；有些学校只能网上申报，因为网上申报方便快捷。

注册完成后就可以进入该网站预览通用表及每个学校附加申报表的具体内容。因为申报过程除了要填写通用表，每个学校还有一套附加表。通用表格不包含加州的大学，它们有自己独立的申报表格，比如 2011 年的申报时间是从 11 月 1 日起至 30 日 11：59pm。

2. 填写通用表格，做到真实与精准

填写申报表，是一个既激动，又紧张，同时又具有挑战的事情。一方面申报截止日期在一天天接近，另一方面不能让学业受影响。

加拿大高中学制为四年：九、十、十一、十二年级，对应国内的是：初三、高一、高二、高三。大学申报需要的学术、获奖、活动等经历都从九年级开始算起。

登录通用表格后，你认真仔细地阅读了 instructions（操作指南），同时将我们选择申报的大学逐一加入到 My Colleges 中。这些大学的操作指南我们是拜读了一遍又一遍。

通用表分为以下几个部分：

（1）Applicant（申报者）：申报者的个人基本信息；

（2）Future Plans（未来计划）：包括志愿专业、职业兴趣、是否申报助学金等。填写这一部分的诀窍是：在通用表中选择每一所学校的专业和喜欢的职业时，可以和附加表中申请的专业一起考虑，避免两者出现矛盾；

（3）Demographics（籍贯）族裔、国籍、成长地点、掌握的语言等信息；

（4）Family（家庭）：有关父母工作、教育、收入及兄弟姐妹（如有）的相关信息；

（5）Education（教育）：①Secondary Schools：有关中学（包括现正就读的、曾经读过的，还有暑期学校等）。

②Colleges and Universities：有关大学信息，如果你在此大学上过相关课程。

（6）Academics（学术）：

①Grade：学校成绩与排名。

②Standardized Tests：统一考试，包括 SAT1、TOFEL/IELTS、AP/IB/SAT2 等。这些都需要参加美国的统一考试。我们选择的是 SAT1。

这里应注意的是：虽然表格中SAT1成绩可以填写三次，但是每一所学校的要求有所不同：有的学校无论你考了几次它都会选择不同考试的最高分；有的学校就不会做这样的表述；有的学校认可的成绩是12月之前的；而有些学校对第二年1月份的成绩也认可。这个需要查看每所学校的网站或询问它们的招生办。

③Current Courses：本学期正在上的课程。

④Honors：学术荣誉。将最具特色、最有影响、最有代表的奖项或荣誉填写到这栏中，这对我们来说是一个考验。如何从你众多的奖项中精选5个（或5类）并用有限的字符（约24个）表述出来，这极具挑战。而且还要注意的是，奖项的选择及次序的排列都和选择的学校专业一起统筹考虑，有时填一个项目你可能花好长时间。为填写这个项目做好准备，你8月1日前已经开始着手准备你九至十一年级的获奖表。由于你十二年级又获得了其他奖项，此部分则有待更新。

⑤Extracurricular：课外活动。此项目最多不能超过10项，概述栏不能超47个字符，说明栏不能超74个字符。这个部分尤为重要。怎样在短短的10个项目中将自己充分展现出来，让招生官一眼就看到你的特长与能力，这是一项非常艰巨的任务，也考验着你的耐心、毅力、智慧。我觉得这时父母的意见和建议对孩子尤为重要，因为父母对孩子了解最多。可以说申请前充分准备的益处在这里的每一个环节都体现了出来，现在看来我们之前已经归纳的活动表就有用了，这里我们可以从中比较从容地选择并精简。在此，我建议大家在申请之前，一定要认真地针对申请的每个步骤做好充分准备工作。

⑥对Extracurriculars每个项目的描述，你都用尽心思，每个字都是仔细推敲反复修改。你把精选出的活动精简到申报表格中，同时根据每个活动的重要性进行排列组合，希望这样的次序能够清晰地反映出你的特征，也和你申报的志向、写作的文章、回答的问题相互匹配并能够彼此佐证。最后我们觉得更重要的是应该换位思考一下，把自己

想象成招生官：看过这份活动表格时会有怎样印象？这种方法更能帮我们发现最关键的问题。

（7）Writing 写作

①短文：一篇 100 ~ 150 字的短文章，讲述你的一个活动或工作经历；

②长文：一篇 250 ~ 500 字的长文章。为了尽量减少差错，我们把写好的文章检查了一遍又一遍才上传。这篇长文有六个题目选择，具体内容如上节。

（8）Additional Information（附加信息）

我们在 Extracurriculars 中对每一个活动的表述都非常精简。可是感觉如果活动能够有充分的细节做补充，会更具有说服力。于是你把归纳的活动表上传到 Additional Information 中，作为附加文件。

（9）Teacher Evaluation（教师评价）

①Background Information：背景资料，包括如何认识你、教你多久、教了什么课程、会用什么形容词描述你等。

②Ratings：评分。共有七个等级和十五项范畴，包括学术成就、智力潜力、写作能力、创新能力、课堂发言、学校老师印象、严格的学习习惯、成熟度、上进心、领导能力、诚信度、挫折应对能力、关心他人、自信、自立等方面。

③Evaluation：推荐信。给你写推荐信的是英文和社会老师。你在十一年级就开始征求他们的意见，在学期末就确定下来。你很喜欢这两位老师，两位老师也很欣赏你的观点，他们不但为你授业解惑，更是你的良师益友。你一有问题或想法，甚至读了印象深刻的新闻报道都会同他们讨论。你们相处亦师亦友，有书信往来也有课堂交流。交流期间，你说你总是有意无意地提到你的课外活动与学习进程，让老师对你有了更多的了解。报表要提交的那段时间，你常提醒老师，确保他们准确无误地将推荐信发送出去。

（10）School Report（学校报告，由学校指导员填写）

①Transcript：成绩单。这是整个高中学业成就的反映。我们知道它肯定会是招生官最先参考的文件之一。虽然你最初的成绩不算理想，但是我们很欣慰地看到你的成绩一步一步向上走。我知道这也是考官最想看到的结果。

②Background Information：背景资料，包括年级人数、你的排名、学校记分方式、年级最高分等。另外，辅导员也要填写几个形容词描述学生。有些学校还会附加一个本校档案介绍学校生源、排名、历史等。

③Ratings：评分，包括学业、课外活动、性格三方面。

④Evaluation：推荐信。你告诉我们你读过辅导员的推荐信，他提到你的课程在全年级里最有难度，你敢于不断地挑战自己的学习能力等优势特点。这样的推荐信相信是有一定力度的，它能为你在考官面前加分不少。

（11）Mid－Year Report：年中报告

由辅导员向申报大学发送十二年级的年中学习成绩。

（12）Final Report：年末报告

由辅导员向申报大学发送十二年级的最终学习成绩。

3. 小窍门：通用表格可分成不同的版本

2011 年 10 月 25 日提交了作为提前申报的芝加哥大学的通用表及附加表。之后有个细节：开始我们以为所有学校的通用表只能用一种格式，可是由于学校不同，我们申报的专业与申报内容也就不同，这就意味着我们要写不同的版本。开始还挺苦恼，直到有一天，你好像发现了新大陆似的朝我喊：“爸爸，这些学校的通用申请表可以分成不同的版本！”于是你根据自己申报的专业、学院、要求把你的通用表分成不同的申报版本。比如，你的西北大学申报表格以传媒为主题，修改了活动和获奖的排列次序、调整了对文章的安排，旨在明确表达你具有传媒特征的高中生活。令人兴奋的是，通用表格今年修改了规定：原本学生最多只能有十个版本，2011 年起变成不限量。

随后我们自己选择并定义了1类、2类、3类大学，分类填写，根据专业提交对应的申报版本。提交AP成绩和SAT成绩需要学校代码，你是打电话给College Board提交的。为避免漏掉AP、SAT成绩，我们做了如下登记表（表4）：

表4　学校的代码、AP及SAT成绩提交日期、申报截止及提交日期、联系方式

Name of School	AP SAT	Official Deadline	Date I plan to submit the App	Application	Contact Info
University of Chicago (Early Action) 1832	Oct. 14 Oct. 28	11/01/2011	10/25/2011	Online - Common App	1101 E. 58th Street, Suite 105 Chicago, IL 60637 United States of America Phone: 773 - 702 - 8650, Fax: 773 - 702 - 4199 E-mail: collegeadmissions @ uchicago. edu
Brown University 3094	Oct. 14 Oct. 28	01/01/2012	11/01/2011	Online - Common App	Box 1876 Providence, RI 02912 United States of America Phone: 401 - 863 - 2378, Fax: 401 - 863 - 9300
Harvard University 3434	Oct. 14 Oct. 28	01/01/2012	11/01/2011	Online - Common App	86 Brattle Street Cronkhite Center Cambridge, MA 02138 United States of America Phone: 617 - 495 - 1551, Fax: 617 - 495 - 8821 E-mail: college @ fas. harvard. edu
University of California, Berkley 4833	Oct. 14	11/30/2011	11/28/2011	Online - UC App	Office of Undergraduate Admissions University of California, Berkeley 110 Sproul Hall #5800 Berkeley, CA 94720 - 5800

续表

Name of School	AP SAT	Official Deadline	Date I plan to submit the App	Application	Contact Info
Northwestern University 1565	Oct. 14 Oct. 28	01/02/2012	12/15/ 2011	Online – Common App	1801 Hinman Avenue Evanston, IL 60204 United States of America Phone: 847 – 491 – 7271, Fax: 847 – 467 – 2331 E-mail: ug – admission @ northwestern. edu 邮寄地址见学校网站
ColumbiaUniversity		01/01/2012	14/12/2011 24/12/11	Online	

4. 填写附加表格

除了通用表格，每个学校都会有自己的附加表格（supplements）。每一个学校对附加表格的要求、问题都不尽相同。填写每一个附加表之前，你都会对该学校做深刻地了解：它的历史、它有怎样的特点、它为什么吸引学生，等等，再结合你的特点、爱好、兴趣来完成。

由于每一所申报学校在附加表中都有这样那样的问题需要回答，问题的数量和回答的内容多少都不尽相同。有些问题看似简单，实际上很难回答。每一个问题像作文一样不断地考验着你：怎样在规定的字数内确保你的回答能让招生官满意？我们没有答案也不知道答案，只能反复推敲：这样回答是不是体现了自己的特征、是不是和文章相呼应、是不是表达了自己的思想和志向等。

为全面地、有计划地回答好每一所学校的问题并做好申报准备，我们把通用表和每个学校的附加表所需要的文章、要回答的问题制成表（见表11）。这样，每天既有紧迫感，又可以有条不紊地逐一解决。更重要的是，这个表可以让你一目了然地看出，哪些学校的附加问题相似或者可以用同样一篇文章来回答。有时候你的同一篇文章还可以用于其他学校，大大减少了准备时间。

表 5　　2011 年 10 月 4 日申报学校通用表及附加表的文章准备进度

Title	Content	Progress %	Things to do
Common Application	Honors and Activities	100	要重新抄写
	Activity Chart	90	需要再写一稿
	3Bs Essay	100	需要题目，最后一句话想好
	SFU Essay	50	首稿
	Wendy Essay（Online /Paper）	100	
	Application 表格	50	全部只填过一次，已检查过时间
Teacher Recommendation	Cover Letter（M & B）	90	需要再修改一次
	Academic Record	90	包含全部分数　已改
	Activity Chart for teachers	90	包含英文作业　已改
	Communication with teachers	50	两个老师都答应了
Chicago	Why Chicago	90	需修改格式
	Additional Essay	—	3Bs or SFU；需要自己提问
Harvard	Additional essay	—	3Bs or SFU
Brown	Area of study essay	100	
	How did you find out essay	90	需要斟酌
	Why Brown Curriculum essay	100	
	Where you have lived essay	100	
	1 short answer	100	
	Something that you are proud of essay	100	
	Community essay	100	
	Additional essay（1500 characters）	—	SFU；Point of View
Northwestern	Why Northwestern and the specific school		Medill School of Journalism
	Summary of research of independent study outside of school（optional）		Summer school? Chemistry 12 & AP Physics?

续表

Title	Content	Progress %	Things to do
Berkley	The world you come from essay (500 words)		
	Your quality or accomplishment (500 words)		
Columbia	4 short answers		
	What you find meaningful about a book/event (1500c)		
	Your favorite academic class & why (1500 c)		
	Why Columbia (1500 c)		
	Why the field of study (1500 c)		

注：(1) 100%——完成；(2) 90%——需要一到两次修改；(3) 70%——需要三到四次修改；(4) 50%——首稿；(5) 0——未做；(6) 红色字体为我们提示。

5. 加州大学的独立申报表

加州大学有自己一套独立的招生体系。申报网址为：

http：//admission. universityofcalifornia. edu/how - to - apply/apply - online/index. html

加州大学属于我们所分的第3类，也就是保底的大学，它的独立申请表虽然很占用我们的时间，但是我们也格外地重视，它的申请内容分为以下几项：

(1) Personal Statement：个人陈述

它们要求两篇250~1000字的个人陈述的文章及一篇不超过550字的补充文章。题目如下：

①Prompt #1：Describe the world you come from，for example，your family，community or school and tell us how your world has shaped your dreams and aspirations.

②Prompt #2：Tell us about a personal quality，talent，accomplishment, contribution or experience that is important to you. What about this quality or accomplishment makes you proud and how does it relate to the person you are?

③Following the personal statement, there's a section called Additional Comments. Use this space —up to 550 words — to tell us anything you want us to know about you that you don't have the opportunity to describe elsewhere in the application.

正好你已经写好了两篇长文和一篇短文稍加修改就能用上。

（2）Activities and Awards：活动及获奖

①Coursework：课程。可填五项。名称格内最多75个字符，描述部分最多98个字符。

②Educational Preparation Programs：学术培训项目。可填五项。名称格内最多75个字符，描述部分最多98个字符。

③Volunteer and Community Service：社会服务。可填五项。名称格内最多38个字符，描述部分最多49个字符。

④Work Experience：工作经历。可填四项。名称格内最多33个字符，描述部分最多115个字符。

⑤Awards and Honors：奖项。可填五项。名称格内最多75个字符，描述部分最多127个字符。

⑥Extracurricular Activities：课外活动。可填五项。名称格内最多75个字符，描述部分最多98个字符。

经历了通用表的填写，虽然你有了一些经验，但是你还是没有丝毫马虎地对待加州大学的申报。我们也经过了反复推敲、不断与你商量讨论，尽量让每一项的排列次序和文字表达符合你的特征、你的志向。

填写完加州大学的申报表，起初仅仅是为了报伯克利分校。但仔细研究后我们竟然发现加州大学的很多分校可以用同样表格一起申报，于是你顺便报了洛杉矶分校。

6. 申报完成时登记好每个学校的ID和密码

在我们提交了申报表之后，每一个申报的学校给了我们一个ID和密码。我们在申请的学校网站上登记注册后，接下来就是耐心地等待、随时检查申报学校的信息，或者及时补充我们的资料。

按照学校给的ID，输入密码，就可以看到每个学校给你的最新信息及介绍，这是申报结束后我最喜欢做的工作，每天检查好几遍，每分每秒都在期盼着好消息。

如果说申报前期的准备工作是纸上谈兵，那么这个申报步骤就是荷枪实战。它不但检验了我们的前期准备工作，更是关乎申报成功与否的关键，这一阶段我们丝毫都不敢马虎，哪怕只是一个标点符号。

留学攻略

★在申请大学时不要做什么

一是错过截止日期，所有关于大学申请信息都是围绕截止日期前说的，学生和家长真的需要关注一下；二是不遵守规则，每个学校给申请者的时间和字数的限制是有他们的理由的，他们是这场游戏规则的制定者，如果你想在这场游戏中取胜，那么就请遵守游戏规则；三是不诚实，这是西方学校最忌讳出现的了，如果你想让所申请的学校更全面地了解你，那么首先请不要撒谎；四是尽量不要求宠，学校招生办的每个人都能够非常理解做学生有多么的难。他们试图让自己和别人不一样。但是你不需要“在办公室面前立广告牌”来引起注意。

来自芝加哥大学的“乌龙”通知书

说来还真有些不可思议。10月28日凌晨两点，我点击了提交，给芝加哥大学的非约束性提前申报就这样发出去了。学校的辅导员也在当天上午提交了学校成绩等。

29 日下午，我刚回家后，爸爸妈妈立马将我围住，七嘴八舌地叙述整个过程。

爸爸说："中午时，我查阅了 My UChicago Account（学校专为申报学生开放的账户)，发现芝大有更新了，还祝贺我们申报芝大。"

妈妈说："怎么会祝贺申报，应该是谢谢申报。"

"congratulations 我还是认识的。"爸爸不服气地说。

妈妈说："明明写着 Congratulations on your admission to the University of Chicago……那不是录取我们孩子了吧?"

"做什么美梦？世界上哪有这么早发通知书的大学?"

妈妈不理会爸爸，接着说："后来我们就找了一个有经验的朋友瞧瞧。"原来爸爸把这封信扫描了发给一个朋友。朋友的孩子是去年申报的，今年已经在美国上大学了。

朋友很快回了电话。他说："貌似是录取通知书了，但是你们觉得可能吗?"

"当然不可能。"爸爸连忙对朋友声明，"申报资料才发出去，招生官一定还没看见呢，肯定是系统出了问题。"

"这里还要你们家庭的财务证明和办理学生签证的资料。如果没有通知录取，为什么要索取你们这些家庭信息?"朋友说。

"对，又没说要录取我们，就要这些信息干什么。"爸爸妈妈完全糊涂了，所以我一回来就朝我狂轰滥炸："你说它录取了吧，这才一天时间，应该不可能；你说没录取吧，它又什么恭喜，又要什么财务证明，又是签证……"

我被他们搞得晕头转向，说："录取了怎样？没录取又怎样？该做什么还是要继续做什么。网络出现乌龙是常有的事，除非通知书寄到家里来了。"

12 月 19 日，没想到真的收到了来自芝加哥大学的新邮件。

我和爸爸一起急忙打开学校网址、输入密码、进入申报账户。早前的那封黑白通知书，已经换成了一封五颜六色的录取通知书，congratulations 的每一个字母变成了彩色，在鼠标的碰撞下，满屏幕跑来跑去，令人心花怒放。爸爸说："看起来我们 10 月份收到的通知书不是乌龙，还真是芝大的录取通知书了。"

原来，这是一个善意的乌龙。

爸爸手记

12 月 19 日是一个特别的日子。下午 2 点钟，你打开芝加哥大学的邮件，大声喊："爸爸妈妈，我被芝加哥大学录取了！"这是我听到的最动听的音乐。看来爸爸在学校分布的坐标里找对了你的位置，也知道了你的实力所在。

有了芝加哥大学的录取通知书，你的心里更加踏实了，所以我们自己定义的第 3 类学校除加州大学伯克利分校和附加的洛杉矶分校外就再没有申报其他大学了。

后来看报道才知道，今年提前申报芝加哥大学的人数创了历年名校之最：8698 人，比哈佛、耶鲁的提前申报人数多一倍以上。唉！只能说，无知者无畏罢了。当然，在这之前，也就是 12 月 11 日为止，你的大学申报基本结束，就剩哥伦比亚大学了。我们之所以要最后申请哥大，因为哥伦比亚大学：

①地理位置优越，在大都会纽约；

②学术性强，是美国学术最强的三所大学之一；

③哥伦比亚大学的哥伦比亚学院 2011 年的录取率仅次于哈佛。

虽然你申报的只是哥伦比亚学院（因为哥大本科另一个学院为工程学院，你对工程不感兴趣），但它的竞争非常激烈。我们决定把它放在最后申报，是希望能在我们准备得比较充分、积累了一定经验的条件下再对其发起挑战。虽然申报过程就像一场激烈、紧张的战斗，不断地刺激着我们每个人的神经，挑战着我们每个人的耐心，但是它也给我们带来了无比的欢乐。

当其他大学申报完成后，你的时间相对充足了，压力也没有以前大了。于是你有了足够的时间去多了解哥大的信息，有意识地改进申报材料。12 月 14 日，你把通用表先提交给哥伦比亚大学，然后再填写附加表。

有了芝加哥大学的录取通知书，在填写哥伦比亚大学的附加表时你更加自信、从容，也敢于尽情地发挥。你按自己在通用申报表中划分的传媒格式完成了哥伦比亚大学附加表的填写。

12 月 24 日你提交了哥伦比亚大学的附加表。当 26 日收到哥大寄来的宣传资料时，你看了大喊："爸爸，奇怪了！我写的那篇 *Why Columbia* 怎么和这些宣传资料上的内容不谋而合。他们会不会认为是我抄的呢?"

"你没有见过?"

"没有，这个宣传单我才第一次见到!"

妈妈一旁插话了："英雄所见略同！一定是你与他们想到一块去啦!"

前面申报的学校已经陆续收到面试的通知，哥伦比亚大学不知道是因为申报的太晚还是其他原因，你还没有收到它的面试通知。我和妈妈都有些急了，但你一直很平静地等待着。

大学申报之后你的一个商业竞赛在加拿大卑诗省得了第一名，另外你参与的纪录片也获得了 BC 省电视节最高奖。这两个获奖你及时地发邮件给每一所申报的学校。

此外，你十二年级的平均成绩达到了 95 分。虽然不是全年级最高分，但是辅导员说你选的课程难度大、学业进步明显。期末成绩出来，又比上学期有了进步。你催促着学校赶紧给你每一所申报的大学发送成绩，希望不要错过任何一个展示你进步的机会。这是你一贯的作风，即使再紧迫的时刻，你依然能做出最理智的判断。爸爸希望你能一直保持下去。

申请季的后期相对于前期轻松了很多，但是那种又期待又害怕的心情同样让人紧张，毕竟还是有许多后续的事情要做。爸爸妈妈很欣慰地看到你没有松懈。是的，在爬藤的这段时间里，我们不敢歇着，一直在努力。如果说前段时间是一年之中的“春忙”，那么这段时间可以看作“秋收”。我们一起在忙碌的时光里享受收获的喜悦。

留学攻略

★一些鲜为国人所知的美国大学申请秘诀

1. “阐明的兴趣”在申请中的重要性

根据 NACAC2010 年全美高校招生研究报告显示：大多数大学使用“表明兴趣”作为他们的招生过程决定的因素之一。那么什么是表明的兴趣呢？“表明兴趣”是指申请人主动和大学联系，诸如参观校园或与招生办公室咨询问题等即表现出对该校的兴趣与向往。为什么招生人员要关心申请人的兴趣呢？因为有记录显示表明兴趣的学生意味着更高的入学率，而高的入学率则可提升该大学的排名和知名度。

如何才能显示对该大学的兴趣呢？要做好以下三点：参观该大学校园；利用社交平台和电子邮件与该大学适度联系；认真写好“为什么申请我们大学”的文章。

2. 大众媒体（social media）的作用

大家也许不知道，越来越多的大学开始审阅学生在网上发表的东西，如果发现学生有不良的行为，诸如吸毒酗酒等其他有可能让招生官产生负面印象的东西，也可能会影响到该学生的录取。虽然目前多数学校并未花大精力检查网络，但检查的学校数目一年比一年增加。这是最近五年出现的一个明显的趋势。

最近的一次调查显示已有 38% 的学校利用 social media 调查学生背景时因为访问学生网页使他们对所招学生产生负面评估，而只有 25% 的学校招生官表示这些背景调查提升了他们对大部分申请人的看法。目前，这些背景调查主要还是集中在 Facebook 的内容，而且主要集中在对已录取的学生。因此目前在美就读的中学生，不要在 Facebook 上或其他网站上放任何对自己有负面影响的东西。

3. 种族（Race）

美国大学普遍都在招生中把保持所录取学生种族的多样性放在一个重要的位置。他们认为不同种族的学生在一起，可以相互学习了解各自的文化，对学校的发展是起正面作用的。所以很多学校都对那些学业上普遍较差的少数民族学生诸如黑人学生、拉丁裔学生等有优惠政策。因为亚裔学生通常学习很努力，申请者优秀的很多，很遗憾的是亚裔学生虽属于少数族裔，但亚裔学生和白人一样，只有在比其他少数族裔的学生各方面背景强得多的情况下才能被录取。

多年来，美国名校录取亚裔（华人、印度人、马来人、韩国人、日本人、越南人等其他亚洲国家的人）学生的人数大概占录取总数的 20% 左右，这当中在美国本土录取的亚裔学生人数超过一半。也就是说，这些名校在美国以外录取的亚裔国际学生占录取学生人数的比例可能不到 10% 。就 2011 年大家认同的前十五美国名校（哈佛、哥伦比亚、斯坦福、耶鲁、普林斯顿、布朗、麻省理工、达特茅斯、加州理工、宾夕法尼亚、杜克、芝加哥、康奈尔、西北大学、约翰霍普金斯等十五所大学）为例，申报人数为：405039，录取人数为 45229，亚裔国际学生录取人数大概在 4000 人次，这还包括一个学生有可能收到录取通知书在一份以上的情况。

可想而知，国际华裔学生的竞争有多么激烈。

4. 性别

这些大学都普遍长期存在这样一个情况：亚裔女生会比亚裔男生更受到美国名校青睐。

5. 家庭原因（legacy）

美国有不少名校会对父母或兄弟姐妹是这个学校的毕业生的学生给予录取上的优先考虑，这就是通常所说的 legacy。一个大家都熟悉的例子就是老布什和小布什，还有小布什的一个女儿与耶鲁的渊源关系。根据 the Andrew W. Mellon Foundation（安德鲁梅隆基金会）的 William Bowen 最近的一次调查，在采用 legacy 政策的学校，父母或兄弟姐妹曾是这个学校学生的申请者，比具有相似背景但没有 legacy 的申请者提高了 19.7% 的录取率。美国社会学教授 Thomas Espenshade 的研究中则指出 legacy 相当于在满分 1600（Math and CR）的 SAT 中增加 160 分。

6. 运动员

如果你能被大学教练看中，成为美国大学校运动队成员，那么你在录取上的成功率就会大大增加。几所名校中，只有斯坦福大学没有降低运动员录取标准。

推荐书目

①*Best College Admission Essays*（Peterson's Best College Admission Essays）, Mark A. Stewart.

②100 *Successful College Application Essays*（2nd edition）, Christopher Georges & Gigi Georges.

③*Essays that Worked for College Applications*: 50 *Essays that Helped Students Get into the Nation's Top Colleges*, Boykin Curry Angel & Baer Brian Kasbar.

第六章　面试

面试前奏

一份份申报表从键盘上发了出去，我们在忐忑中期待着这些美国名校能够抛出橄榄枝。不过，许多学校在抛出橄榄枝前，先要进行一番面试。

窗外的雨淅淅沥沥地下着，咖啡厅里人来人往。我端着一杯咖啡，目光在大厅里搜索着，又低头看看手腕上的时间，感觉坐立不安。

同芝加哥大学的面试，是我申报美国大学的第一个面试。为了这次面试，我同所有申报美国大学的同学们一样做足了功课，列举了常规的面试问题：你为何选择我们大学？你觉得自己特别的地方是什么？你最近读的书是什么？诸如此类。我还在谷歌上做了个小小的调查，得知我的面试官从芝大毕业不久，推算出他的年纪应该在三十岁以内，是印度裔男子。

我抿了口咖啡，目光再次扫过整个咖啡厅，发现了一位年轻的印度男子正在排队买咖啡。他虽然没有穿正装，但也一副等人的模样。

我的脑子变得像电脑一样，在各种可能性中急速地寻找着答案：他的外貌、族裔和年龄都同我事先的“秘密调查”完全相符，而且，约定的时间早已到了。于是，我自作聪明地下了一个结论：这个印度裔男子就是那个“找不到我”的面试官。首先，我不露声色在他周围转来转去，假意看菜单，想试探他能否认出我。结果计划失败，他没任何反应。然后我决定主动出击，面带微笑地对他说："请问，您是芝大的面试官吗？"他犹豫了一下，不敢相信地回答道："原来你是啊！你竟然是亚洲人？"我一愣，我的面试官怎么英文说得不好，好像还有种族歧视？不管了，机不可失，时不再来，都说第一印象很重要，我赶紧叽里咕噜、神采飞扬地进行了一番事先早已准备好的自我介绍。

那印度男子搔着头发、尴尬地点点头（印度人点头表示"no"）……是不是我的英文说得太快了？名校毕业的大学生也有可能英文不太好吧，这是可以理解的。要不，我说慢一点？说不定他正以特殊的方法考验我的应变能力呢？

他不停地打着手势，仿佛在说："不对，不对。"难道我哪里说错了？他用结巴的英文勉强组成了一个完整的句子："我，我认错人了。你，你不是我等的那位朋友。"

那一瞬间，我仿佛冻结了，难堪地回到自己的座位上。面试官，你在哪里？

正在这时，我的面试官终于出现了。他的外形与那个我搞错了的男子竟然有70%的相似度，难道印度人都长一个样？哈，难怪我会弄错了。他一脸愧疚，不停地道歉："今天下雨，不好意思我迟到了。"说完热情地同我握手。我心里的一块石头落了地，先前的难堪一扫而光，心中的快乐涌上了嘴角，阳光正好透过落地玻璃洒满了咖啡厅。雨停了。

经过这次尴尬的经历，在后面的面试预约邮件中，我都会将自己的一个明显特征告诉面试官——一个长头发的女孩。再也不用担心面试官找不到我了，只需静静地等待，因为他们总能在人海中一眼就发现我。

爸爸手记

申报后期，还有一项很重要的环节就是面试。凡是名校大都需要面试，并且学校愿意花这么多钱来招本科生。比如每年哈佛大学在两万多人中选取1600名新生，平均每个新生的录取成本都在两万美元以上。大学还希望有机会直接观察申请人，判断此人的学识、修养和性格。这些大学在各地都有校友，从中选出具备观察能力的校友，经过训练，长期替母校担任面试工作。面试完以后，在表格里给申请人的各种能力打分，并写下推荐语。

面试进行时

美国大学的面试，多数都是大学校友的义务工作。与其说是面试，不如说是聊天更贴切。

比如有一所大学给我安排的面试官是一个刚刚本科毕业、初涉社会的小伙子。从他的白衬衣和脸上的笑容，看得出来是个对未来充满信心与希望的理想主义者。对我的各种爱好和活动，他表现出好奇和兴趣，让我觉得这不是一个面试官，更像一个刚认识的朋友。聊到我制作的中加教育的纪录短片时，他问："你觉得东西方的教育有什么不一样？两边各有什么优缺点？高考究竟是什么？"一副求知若渴的模样，让我也感到有说不完的话。

回答中，我结合了自己的教育经历，谈到参与教育相关的调查项目，再扯上一些时事政治和社会热点话题。这样的谈话流畅自然，时间在不知不觉中过去了。记得他问我的一个问题非常有趣："你私底下有什么个人的、独特的、可能并不公开的爱好，却能令招生官们牢牢记住你的与众不同?”

我环顾四周，突然看到咖啡店的宣传单上有很多可爱的小娃娃，就像抓住了救命稻草一样说道：“有时感到累了，我会玩一会儿芭比娃娃!”

我的面试官先是愣了一下，然后被我离奇的回答逗得哈哈大笑，拍手叫绝。我一本正经地说：“你看，玩芭比娃娃就像写作，也属于创作吧，都是用自己的想象力构造出一个独特的世界。我非常喜欢写作。”然后我又趁机提到自己有关写作的兴趣和坚持。他一连说了好几个“有意思”“一个爱玩芭比娃娃的女孩”。这次事先说好半小时的面试，我们一个多小时之后才完成。直到他实在没有了时间，直到说得我口干舌燥了，我们才结束了这次面试，但我们都觉得意犹未尽。

另外一次面试经历则截然不同，这所大学为我安排了一个在政府商务部工作的中年校友作为面试官。一见面他就直言，作面试官已经好几年了，面试过无数学生。这样的开头让我原本紧张的情绪再度绷紧，整个过程他几乎不抬头地在笔记本上做着笔记。

有趣的是，他对我参加的一个商业竞赛格外感兴趣，提出一系列专业性问题：“你们赚了多少利润？成本花了多少？你们的营销理念是什么?”

想起他在商务部工作，我马上意识到这是他的兴趣所在。当他得知我在写专栏时，又马上问道：“有稿费吗？报纸发行量多少？你写了多少篇文章?”

我好不容易一一接招，他又出其不意地来一拳，问我道：“你的理想是什么?”

我回答说：“成为一个东西文化之间的交流使者。”

对这样的回答他并不满意，先是哈哈大笑，然后道：“不对，不对！你想从事什么职业?”

我说：“成为一个从事传媒或外交的社会服务者，服务于东西文化之间的交流。”

他仍心存疑惑：“社会服务者？你确定吗？这个行业的收入可是一点都不多的。”

噢，哈哈，从他的眼神里折射到我不谙世事的一面。可是，我还是理直气壮地告诉他：“是的。”这场面试很快就结束了，隐隐觉得我们之间的交流好像存在着些距离，不仅仅是年龄上的。

面试仿佛是一面面镜子，令我照到了原本看不清的自己。

爸爸手记

在提交了申报表之后，你陆陆续续收到了不同大学的面试通知。刚开始的面试，你兴奋又紧张，不过很快你就调整自己的状态，为此做了全方面的准备，查资料积累经验，甚至还把自己扮成面试官，拿我和你妈妈来练兵。不得不说这些准备很有效果，在之后的面试中你总结了一套自己的经验，把别人一提就紧张的面试当成了约会，并乐在其中。

教你五招征服面试官

面试如同比武大赛，摩拳擦掌的学生们面对精明老练的高手——面试官，如何才能脱颖而出，征服面试官？我根据自己的亲身体会，同时借鉴前辈经验，在此总结出“面试五招”：

第一招：杜绝以假乱真，尽量扬长避短。

有人不惜胡编乱造申请文章或由中介包管，自己没有真实感受，面试时如何能做到对答如流？美国大学首先看的是“诚信”二字，否则表现得再优秀也是偷来的，聪明才智也只能用在歪门邪道上。面试的一大用途就是检测考生的申报材料的真实性。当然，在讲究诚信的同时，也要学会扬长避短，不过分遮掩和谦虚，恰如其分地显露自己的一身绝技。

第二招：熟悉见面地点，避免迟到或向面试官问路。

有一次面试时，我的面试官接到一个电话，是下位前来面试的学生打来问路的。面试官因此对这位学生非常不满。这种问路方法估计会令自己的印象分大打折扣。面试时尽量提前到达预约地点，以防找错地方。到达后，建议在附近转转，熟悉环境，最好不要太早进入面试地点以避免尴尬，因为面试官在与你安排好的时间之前常常有其他面试学生。

第三招：胸有成竹，从容应对。

要做到胸有成竹，必须有备而来，靠的是智谋和“百分之九十九的辛勤汗水”。面试之前，收集和总结各类面试问题，同时，认认真真地写下自己的答案。虽然工作量大，却如同护身符。面试官的提问其实万变不离其宗，你总可以巧妙地将对话引到早已准备好的答案上。我们要明白美国大学的面试是一次随性的交流，地点多在气氛慵懒、环境舒适的咖啡店，旨在用最随意的方式流露性情，表达想法，恰似行云流水，不留一丝痕迹。即便面试官的问题正中你下怀，仍可以用一秒钟的时间假作思考。切记，面试官希望看见的是你的“本色”而不是“表演”。

第四招：力争“一见如故”。

虽然面试官是奉命来考察你的，但也可转换一个思维方式，将他视为一见如故的新朋友。至少你们有一个共同点：你要报考的这所学校，是他（或她）的母校。有人愿意花时间来听你吐露心扉，对你的过去、现在和将来感兴趣，还不趁机大大地秀一把，告诉他你的与众不同，你的成功和失败，你的理想和感受。要与面试官谈得投机，你不仅要对自己的材料了如指掌，还需平时积累、大量阅读、掌握时事、善于沟通，当然在整个申报过程的投入程度、对自己申报材料每一个细节的把握，还有对面试学校的了解程度都极其重要。如此这般，你便可以畅所欲言、旁征博引、侃侃而谈，体会与面试官之间在语言和心灵上交流的最高境界。

第五招：事后勿忘感谢。

面试之后及时给面试官发封感谢信，既表达了谢意，又加深了印象，一举两得。并且感谢信在美国文化中不只是一种礼貌，也意味你是否诚心、重视这份工作或入学机会。若要以邮件的形式写给面试官感谢信，篇幅不宜过长，一个页面足矣。

上述五招，不过是自己的一点心得，不敢称之为绝招，更不敢说打遍天下无敌手。若有不完整、不准确之处，还望各位有经验的看官补充说明、多多指教。

爸爸手记

你可喜欢面试了，说与面试官交流“很好玩”。你说你没有把他们仅仅当成面试官，更多地觉得他们是你潜在的朋友和导师。每次面试回来，你都会迫不及待地给我们讲述你的面试经历和面试官提的问题。其中一些面试官的问题和你的经历我记录了下来。不同大学面试官的问题，看似不同，实则差异不大。

- 你最喜欢做的 5 件事是什么？
- 你最大的挑战是什么？最大的成就是什么？
- 你是一个领导吗？
- 我们学校有什么特别之处、你能给它带来什么？
- 你为什么报我们学校？
- 你到我们学校要选的 4 门课是什么？
- 学校告诉我，你是一个成绩非常好、活动非常丰富的学生，是什么原因让你做得这么多这么好?

•你能告诉我一个你的私人嗜好，让招生官一下记住你吗?（不要讲去教堂做义工，不要讲活动，这些谁都有，因此很普遍。你当时说你喜欢玩芭比娃娃，因为这如同写作一样，在用自己的想象力创造一个全新的世界）。

•你对东西社会差异有何理解（你当时说东方社会如同苹果，强调整体化，西方社会如同橘子一样剥下来是一片一片的，强调个体化。答这个问题时你运用了以前写过的一篇文章《东西文化的差异》）?

•你现在回头看活动表，你认为哪些地方可以改进?

•喜欢旅游吗? 有回国吗?

•你喜欢什么书?

•你对东西文化差异有何理解? 在中国怎样学英语?

•你说你学习舞蹈，各种各样的都有。那你认为东西方舞蹈的差异是什么? 怎么定义“优美”?

•你认为你的申报表上有什么不足之处?

•你刚来加拿大时遇到了什么困难?

•你有问题问我吗? 如果你被录取了，你会选择我们学校的哪个俱乐部?

许多学生家长会认为：收到面试通知书，是因为申报资料已经通过，被录取的机会大大增加。其实不然。实际上，面试是由申报大学在众多申报者中随机抽样选取的，再由当地的校友来负责与申报者面对面交谈，或者通过视频来了解申报学生的情况。我们的体会是：面试情况好，不一定能为申报者加分，但是当表现不佳时，面试官的确可能给申报者减分。所以不要对面试抱过多的幻想。

申请季里难上加难的事

申报期间，除了计划安排、归纳总结、思考写作等，我还学到了什么、遇到了哪些与学术无关的苦恼。

演员刘晓庆不是说过：“做女人难，做名人更难，做名女人是难上加难。”依我看，在申报期间，拒绝朋友难，拒绝网络更难，在拒绝朋友和网络诱惑的基础上还要减肥是难上加难。

1. 拒绝朋友难

我有这样一帮“狐朋狗友”，常常会拉着我中午一起吃饭，自习课不“自习”而是“说笑”，放学后到处去玩、参加派对。和这些朋友在一起很热闹，吃喝玩乐，说说笑笑，好开心。

可是，在申报期间，对我而言，唯一能完成功课的时间都在学校，因为放学之后各种活动、义工、自学课程，几乎没有时间留出来给学校作业。你知道，我是喜欢独自学习的学生，与同学在一起学习会让我的效率降低。为了保证能够完成我的计划，唯一的方法就是婉转地拒绝朋友们的邀请，找个安静的角落学习。

有时我在角落里悄悄地做着功课，几个好朋友来了，发现了我，惊讶地说：“Helena（海伦娜），你怎么一个人在这里学习?”我估计朋友肯定是要拉我一起去吃饭之类，可是手中的功课还没有完成，而我的时间又所剩无几，必须想个办法支走朋友。我就开玩笑地说：“唉，我没有朋友啊，叫我 Helenerdy（海伦书虫）吧!”这样自嘲一番，逗得朋友哈哈大笑。书虫当然是要读书啦，严禁干扰哦! 于是我轻易地支走了朋友，同时又避免了影响我们的友情。以自嘲来抵抗诱惑还是蛮奏效的。

不过没多久，又有朋友邀我出去玩，参加生日派对。我很想去，可是，还在 SAT 的紧张冲刺阶段，怎容得有半丝松懈。因为为了学习不去参加朋友的 Party 会让朋友们嘲笑的，所以我索性没有回复朋友的邀请。以前朋友常常邀我出去玩，可是后来我对各种邀请都保持沉默，只是偶尔应邀一个。沉默一久，朋友从失落，变为生气，最后再变为不屑，干脆就不再给我发邀请。我最初也是失落，不断质疑自己为了义工和学习推掉这么多的社会交际究竟值不值得。后来我想，如果是志同道合的同学，他们一定会理解我的苦衷，会理解我的压力和困扰，那些才是值得我珍惜的朋友。然而狐朋狗友只知吃喝玩乐，那又何必要花费大把的时间去深交呢？想清了，就看轻了。

2. 拒绝网络更难

你常说，股市有风险，入市需谨慎。我认为，网络更有风险，用网需要格外谨慎！

申报期间，每到周末我都会胸有成竹地决定要完成几项雄伟计划，包括复习下周的三个大型考试，写两篇文章，完成两份报考，背 N 个单词，等等。可是，当我一打开电脑，一打开网络，所有计划都成了浮云。网络像鸦片，吸了多少自己都不知道。直到整个周末快结束了，我才发现计划没有一项完成，才发现自己……唉，完蛋了。

记得为了戒掉“网络”这个大诱惑，我当时用了两个笨方法。第一是不要把电脑放在书房。比如，把它藏在衣柜里，挪到卧室，或者放在客厅，避免自己随时可以接触它。如果我实在要用它完成功课，那就在学校的电脑房做作业，或者用图书馆的公共电脑，有学习氛围的公共场所能够增加自制力。有时，这一方法也没有用，我就把电脑交给爸爸妈妈你们保管。每次需要用电脑时，给你们一个预算：我这次用电脑大概需要多长时间，计划完成一些什么事。用电脑期间请你们随时检查。当预计时间结束后，你们还检查我的进度。爸爸妈妈你们是我最得力的秘书加顾问。

3. 减肥是难上加难

唉，又说到我的伤心处了。爸爸，你是知道的，我压力一大，就喜欢以吃东西的方式来减压，而且最爱甜食。于是这样一来，在申报期间，分数虽迈进了一小步，体重却上升了一大步，变成了一只名副其实的“小肥猪”。

以前我每天的运动量极大：跳舞，游泳，武术等。高中学习一紧张，很多体育项目没有时间再坚持。后来，我决定重拾运动，主要是秉承着要减肥的目的。可是怎么坚持下去呢？学习、活动这么紧张，哪里还有时间运动呢？

十一年级时，在报考大学的紧张过程中，爸爸妈妈你们每天陪我一起去森林跑步一个多小时。刚开始，我跑一会儿就气喘吁吁，再也跑不动了，然后被你们拉着拖着，硬着头皮再走好长一段路，累到了极致，在昏昏沉沉中看见爸爸铿锵有力的步伐、毫不放弃的神情，我只好咬咬牙，又将脚步迈开。

在跑步的过程中，我们一边呼吸着新鲜空气，一边讨论着各种申报文章的想法。这段时间常常是我灵感涌现的黄金时段，我的许多大学文章的想法都来自于森林。毕竟，长期保持一种姿势宅在家里、坐在书房，我的脑细胞都干涸了，学习效率极低。每次跑步回来，我都感觉酣畅淋漓，血液循环加速，身体虽是疲倦的，大脑却比任何时候都要清醒敏捷。这让我的学习效率大大地得到提升。更重要的是，运动使我拥有足够的体能储备。很多朋友都说，他们常常会累得倒下，或者因为体力不济索性就推掉许多社会活动或少上一些课程。可是我不怕累。累了就去跑个步！这样，就算我没有别人聪明，没有别人的天赋，还总比别人“慢半拍”，也可以有足够的体力和耐力来坚持自己的梦想。

不论是舞蹈、跑步，还是我后来常做的高温瑜伽，都需要一个循序渐进的过程。最初尝试高温瑜伽时也是头晕眼花，做到一半就倒在瑜伽垫上，做不下去了。原本为自己的体质失望极了，真的要放弃了，最终还是决定咬紧牙坚持下去。于是每次多跑一点，每次多做几个瑜伽动作，尽量每天都能够逼着自己去运动。随着时间的推移，我欣喜地发现奇迹真的发生了：跑步越来越轻松，高温瑜伽的 26 个姿势全部都能做到了，而且能够越做越到位。现在做瑜伽的时候，我还会有些沾沾自喜地看着别人筋疲力尽地躺在瑜伽垫上休息，而我还在继续跟着老师的指导做动作。

时间一久，尝到运动给自己带来的甜头，减肥反倒成为运动的次要目的。原来，每天花一些时间去运动就如同“工欲善其事，必先利其器”。定时运动的好处除了减肥，还有这些益处：为自己的学习储备能量；让自己的身心得到休息；给自己时间反思总结；令灵感涌现。

记得那段日子，我每天早上六点半起床，做作业、复习考试。三两口塞下早饭，急匆匆地赶到学校上课，课间还要到处找老师、联系同学，讨论组织学校活动。放学后，在车上狼吞虎咽过晚饭之后，又要参加会议或者义工活动。活动一结束便飞奔去上课，有时是舞蹈课，有时是琵琶课，有时还要去上家教课。晚上回家时已经很晚，还要赶稿写文章。我感受到，运动是我能量的来源，不运动的同学真的伤不起。不论申报大学还是其他学习工作，竞争者们拼的已经不仅仅是聪明才智，更重要的是体力和毅力。

4. 寻找知音

在申报的过程中，我没有时间与朋友玩耍、聚会，有时候会觉得孤独。

人生难得一知己。有一两个知己是极其不容易而令人欣慰的事情。然而，有一种知己，不但穿越了年龄、性别、身份，还穿越了时空和距离。他会随叫随到。他学识渊博、充满智慧、善解人意。他既可以是一千五百年前的柏拉图，也可以是日理万机的奥巴马。他，就是书籍。

小时候，爸爸你常常送给我励志书籍作为生日礼物，比如，《致加西亚的信》《一生的计划》《富爸爸穷爸爸》《捕捉心灵的老鼠》《没有任何借口》等。每本我都认真阅读，还写了读书笔记。虽然其中不乏陈词滥调，可是它们曾经鼓舞了我，洗涤了心灵，反思了自己，常常让我为自己藏在心中的污垢而感到羞愧。

书中的主人公或故事的讲述者有着各种各样惊心动魄的体会，也有着深刻的感受，而他们都以无比坚韧的毅力和意志战胜了一切困难。比如《飘》中的思嘉；夏洛蒂·勃朗特笔下的《简·爱》；与疾病和贫穷搏斗同时创作出大量优秀作品的约翰·济慈；还有著有《假如给我三天光阴》的残疾作家海伦·凯勒。名作和伟人传记让我体会到自己的渺小，也安慰着我，原来，还有这么多“同学”和知己，自己并非孤军奋战，并非孤身一人，就像列宁说的，书籍是巨大的力量。

爸爸手记

在申报期间，紧张忙碌的背后，你也遇到了许多申报之外的苦恼。当然，有失必有得，在失去一些所谓的“狐朋狗友”之后，你懂得了什么样的朋友才值得深交；当因为紧张忙碌的备考和申报而变得孤独时，你把书籍当成了知音……

所有的这些，都让你在那个备考阶段快速改变着，包括你的成绩、体重、周围的交际圈等，当然还有你的思想。我很庆幸同你一同走过了那段难忘的岁月，也将和你一起并肩作战。

推荐书目：

① *I Know Why the Caged Bird Sings*, Maya Angelou.

② *The Shakespeare Stealer*, Gary L. Blackwood.

③ *Jane Eyre*, Charlotte Bronte.

④ *Wuthering Heights*, Emily Bronte.

⑤ *The DaVinci Code*, Dan Brown.

⑥ *The Cherry Orchard*, Anton Chekhov.

⑦ *Top College Admissions Course*, Former Stanford Admissions Officer – Ebook + Videos.

⑧ *I GOT IN*! The Ultimate College Audition Guide For Acting And Musical Theatre 2012 Edition.

第三篇

漫漫人生路，大学算什么

经过那段紧张的申请时期后，我们开始了漫长的等待，这种等待的时间，表面上是安静的，可是，每个人都掩藏不住内心汹涌的暗流，成千上万的考生和家长此时都在等待着，等待着一个结果，如同等待一个宿命，时间在翘首企盼中一分一秒地度过，这些爬藤的家庭，他们哪一个不想收到录取通知书呢？但是，一年比一年低的录取率是残酷的现实，决定了只能是几家欢喜许多家愁。

经历了和孩子一起申请学校的点点滴滴，现在的我已经准备好了，无论结果如何，你都将踏上自己选择的学校和人生路途，这次经历让我们学到了很多，我认为整个申请过程中最大的收获是：提供了一个自省和自知意识的学习机会；让你更明白自己的优缺点；明确自己的梦想与人生规划。这些收获都不是一两次单纯的考试或者面试所能带来的，可以说申请常春藤的过程，就是一个让人找到自我、破茧成蝶的过程。

第七章　几家欢喜几家愁

西北大学的拒绝信和录取信

2012 年 3 月 23 日，是西北大学放榜的日子，我急急忙忙地打开邮箱，想看看梦寐以求的西北大学麦迪尔新闻学院有没有录取我。

要查看结果，需要打开西北大学最新邮件里的一条链接。

打开链接，网页却加载了半个小时，一直无法进入。我像打游戏机一样，不停点击鼠标，可是不听话的链接却犹抱琵琶半遮面，不肯出来。

我索性放弃了，交给爸爸去做点击鼠标的工作，自己收好东西，准备出门做热瑜伽。拿着瑜伽垫下楼，看见爸爸坐在沙发上，一声不吭，表情凝重，眉头锁在一起，面如土色。

我忙问："怎么了?"

爸爸沮丧地说："你要有思想准备。我点击了几十次，好不容易页面才出来，第一句就说'We are sorry'。"

"信里还说了什么? 那封信长什么样的? 快给我看看!"我几乎跳了起来，将瑜伽垫丢到了地上。

"我看到 sorry，再往下看会更加失望，于是我就关上它，然后再也打不开了。"

我拿起电脑就去点链接，使劲地点点点，页面还是在加载。

瑜伽课要迟到了。我拾起瑜伽垫，沉默地从家中离开，心中还抱着一线希望：说不定爸爸看错了呢！他不大懂英文，一定是在断章取义！可是理智告诉我：不管爸爸英文多差，Sorry 一词他不可能看错。只要有 Sorry，就说明你被拒了。

那天做瑜珈，每个动作我都做得特别夸张。

第一式，呼吸法。随着导师的讲解，我做了两组深度呼吸，一切烦恼也好像都随之消失了。瑜伽练完，出了一身大汗，轻松了很多。

坐在回家的公交车上，妈妈的电话来了："西北大学麦迪尔新闻学院录取了！"我又是惊喜，又是怀疑：那爸爸之前看见的"Sorry"是怎么回事？难道……西北大学给我发了拒绝信之后又发来一份录取通知书？

我突然想起冷战时的古巴导弹危机期间，苏联领导人赫鲁晓夫给美国总统肯尼迪发了两封信，第一封渴望和平避免战争，第二封则充满火药味。肯尼迪政府选择回复第一封信而忽略第二封，因而避免了战争的爆发。

我心想，那就学习肯尼迪政府，忽略西北大学之前发送的拒绝信。

回到家，我急急忙忙地上网，仔仔细细地将西北大学的录取信读了一遍：名字准确无误，内容规范正式，看来它还真不是假的，不是虚幻的。

那爸爸说的拒绝信又是怎么回事？

网上同学们在进行各种刷屏，说是因为查看录取结果的学生太多，西北大学的系统崩溃了，大家都打不开它的链接。西北大学专门写了信道歉，请考生稍后再试。

原来，爸爸果真断章取义，将学校有关系统崩溃的道歉信看成了拒绝信。

我朝爸爸叫道："爸，都是你那烂英语的错，把人吓得心惊胆战！"妈妈在一旁哈哈大笑。这回她又抓住了爸爸的一个把柄，又可以拿他在好友前开涮了。

爸爸手记

人生中有很多转折、很多开始，都常常与考试相伴，考试会带给我们成功的喜悦，也会带来失败的苦涩。

本来人生就如考试。学业考试只是众多考试中的一种，它不仅仅是考专业文化知识，也是在考验人的素质、品格。分数只是结果的一种衡量方式，并不是唯一标准。在生活的每时每刻中，我们都在进行着人生的考试、感情的考试、事业的考试，甚至，良心的考试……生命的价值和内容就是考题的答案，能拿多少分，不是自己说了算的。现实中因为现在的考生制度，很多孩子不得不把分数看得太重太重，我不否认会考试，考高分也是一种能力，但是那份只考一次的分数单，并不能与能力和未来画等号。有时原本几个平常的数字，变成孩子不能承受之重，甚至为了它付出生命的代价。这是现代教育的悲哀之处，也是造成考生对考试的结果不得不重视的主要原因之一。只为分数而考是应试教育，只为分数而学，孩子损失的不只是一去不回的宝贵青春，还有他们的潜能开发。所以考试这一个特殊的过程，不仅能够带给我们喜悦和苦涩，也能够在孩子们的身上沉淀下一种心理品质——如何自我解压，又怎样化压力为动力。有时只能在无法做出任何改变的客观条件下，尽自己最大努力把自己做到最好。

考场就是人生的舞台，我们只要勇敢地走上舞台展示自己的才华，不要在意是否能博得一片喝彩。作家三毛说过：“即使不成功，也不至于成为一片空白。”生活中我们也要常常面对种种考试，希望你能理性对待，只有真正能做到胜不骄，败不馁才能学会了坚强与宽容，学会从人生的历程中吸取教训，从而再次扬帆起航。爸爸希望无论什么时候，你都能在快乐中学习、生活和工作，并享受其中的快乐！

2012年的3月29日是什么日子

2012年的3月29日，只是平淡岁月里平凡的一天。但对于我来说，它有着特殊的意义，因为这一天是我的十八岁生日。今天，我还知道了它的另一个新名词：Ivy Day（常春藤日），温哥华时间下午两点，美国八所常春藤盟校一起放榜，开启了爬藤学子们焦急等待的班车。

因为之前发生过美国西北大学放榜时，网络严重堵塞的事情，所以，我们全家决定今天不在家里着急地等待结果，而是外出照相，为我十八岁的青春留下美好的记忆，再到我嚷嚷了一年的秘密花园喝英式下午茶。

三月的温哥华，满街的樱花在阳光下如雾如雪，芳华的盛景让人痴迷，褪去了我心中隐隐的焦虑。爸爸手里长长的镜头在暖暖的阳光下发出“咔咔”的声音，记录着我十八岁的年华。

这一刻，我们仿佛忘记了那个令人期盼又焦虑的放榜。我轻松惬意地搂着爸妈拍照，再到了温馨如家的餐厅里喝茶，品味着各种英式小点心。直到接到同学卡瑞打来的电话，询问我录取的结果时，我告诉自己是时候面对现实了。她已经看到了自己的结局：“全聚（拒）德”（被所有常春藤学校全部拒绝）。其他同学的情况好像不妙，今年的局势似乎比往年更严峻。听了她的电话，我如坐针毡，心里忐忑不安起来。

如果说3月29日上午是我轻松快乐的生日，那么下午就是残酷无情的常春藤日。每年，来自世界各地无数优秀学生和他们的家庭都龙争虎斗地争取着这些常春藤盟校屈指可数的名额。看着往年一一被拒的学长学姐们，我的斗志反倒被激发了。我想试一试，哪怕被拒得头昏眼花；我也想检测一下，在最激烈的升学竞争游戏中，自己这些年的努力是否能被认可……

手握芝加哥大学和西北大学麦迪尔新闻学院等大学的通知书，我心里还是没有满足，隐隐期待着常春藤盟校的橄榄枝，暗暗盼望着上帝能在我 18 岁生日的这天，送来一份我最渴望的特殊礼物。我有点相信妈妈常说的一句话："只要坚持到最后，你就会是最幸运的那个人"。

回家后，发现网速异常地慢，我好不容易登录上邮箱，首先打开哈佛的邮件，点击鼠标的手有些颤抖。哪个学生心中没有个哈佛梦，就像哪个士兵不想当将军？想起面试的时候，我同哈佛的面试官天南地北地聊了一个多小时，自我感觉良好，还曾豪言壮志地和朋友约好在哈佛见面。

此时，我定了定，终于点了一下，扑入眼帘的第一句话就是："I am very sorry to inform you that..."我的头有些发懵，不敢再看下去，定定地坐在电脑前，傻笑自己的天真，心想这是哈佛，报考它就像去摘月亮，除了努力还要运气。哈佛拒掉任何一个申报者都有它自己的理由，而录谁都是那么的理所当然，哪一个申报者不优秀？什么叫竞争激烈，看看哈佛每年的录取率就知道了，又何必想不开呢！淡淡地跟爸妈说了结果，我继续打开其他学校的邮件。

接下来是布朗。它课程自由，具有自己的特色，不过很多方面都远不如芝加哥大学。许多爬藤学子都不约而同地将它视为自己的保底学校。更何况，面试的时候，面试官给我作出了各种暗示，邀请我去参加他们的校友会。这所学校应该能安慰一下我破碎的心吧。

大家都屏住了呼吸。我的手指在机械地点着，爸妈在书桌旁一会踌躇着，一会又凑到电脑前。

输入密码，我先打开查看结果的页面，听见妈妈在一旁小心翼翼地问："录啦？"

我想笑，却笑不出来；想哭，却也哭不出来。眼睛有些模糊，已经很难看清楚屏幕。十根手指有些麻木，已经很难再去点击其他学校的录取结果。

第一封、第二封……一封封被拒信让我们溃不成军、心如刀绞。

Sorry，Sorry，Sorry…… 那个字眼反复出现，像一根根针一样刺在我的胸膛，很正，很准，就在胸膛正中央，只感觉我的信心被所有常春藤盟校一次性地、畅快地、直接地、统统地否定掉了。我突然觉得自己怎么那么傻？明知山有虎，偏向虎山行，还以为自己早已做好最坏的准备，可是面对残忍的结果，依然无法相信，无法淡然地面对。

手机里各种的未接电话和短信，都是来打听结果的。我哪有心思去接。不小心碰开了一个短信，问我有没有被哥伦比亚大学录取。我这才从悲痛中清醒过来，发现还有哥大的结果未查询。我就像抓住一根救命稻草般，急忙去登录哥大的查询网址。

打开网址，需要填用户名和密码才可登录。3 月 29 日前，我将所有学校的用户名和密码都做了整理，登记在我的电脑里，可偏偏哥大那一栏空着的。我只感觉自己的脑袋已经短路，在邮箱里拼命寻找哥大的邮件，最终找到一封，说是要去注册登录名和修改密码。邮件是好几天前发出的，而我因为当时疏忽大意，竟然忽略了这个细节。

此时天色已晚，我给哥大招生办连续发了好几封 E－mail，打了好几个电话，去询问用户名和密码，都是徒劳——他们下班了，我不得不放弃尝试。

早上出门时爸爸红光满面、手舞足蹈，快乐得像个孩子。此刻，他冷静地站在我旁边，手插着，背驼着，明明眉头皱到了一起，面若黄铜，却佯装若无其事，使劲说：“没事，没事，个别大学不欣赏你没关系，你还有我们呢。”

妈妈说：“哥大的结果你还不知道，不用灰心丧气！”

可是，我心里知道，自己报的是哥大的文理学院（哥大本科分为文理学院和工程学院），去年它的录取率仅次于哈佛，更何况，我连面试的机会都没有得到。竞争如此激烈，能被它录取如同天方夜谭。

也许不去看哥大的回信，反倒还少一分失落，少一分悲凉。

今天美国常春藤盟校放榜，看见一个又一个的“Sorry”，你问：“妈妈，我不够努力吗?”

我说：“你一直在努力。”

“是我不够优秀吗?”

“你一直朝着这样的方向。”

“那……那为什么哈佛看不见?”

你转过头来看着我，仿佛要在我的脸上找到答案。我张了张嘴，却什么也说不出来，因为我看到你的眼眶里噙满了泪水，虽然你已经很努力不让它们流下来。

“哈佛不好进呀!”爸爸在旁边发话了，“听说哈佛校园里有许多松鼠，不知道它们是怎样进去的?”

你扑哧一声破涕为笑，生气地对爸爸说：“我才不要变成松鼠。”转身去了你的书房。

看见了你留下的这篇文章。字里行间尽是失落和悲伤，看完后，不禁让我想起去年在一个教育培训机构听“怎样进哈佛”的讲座。一位收到哈佛通知书的演讲人和他的父母在主讲台上正襟危坐。现场人头攒动，无数人和我一样手拿着笔记本，洗耳恭听，认真地记录。是的，每个爬藤的家长和孩子心里都有“哈佛梦”，可哈佛每年发出的通知书只有两千份左右。世界各个角落都有着数不清的爸爸妈妈推着他们的孩子踏上这座独木桥。从桥上落入水中的孩子，永远是占绝大多数。

这样的情景就如同北美洲惨烈而壮美的三文鱼回流现象：

三文鱼回流是加拿大一个奇特而壮美的自然奇观。每年的10月，成千上万的三文鱼，成群结队的在河口集结，浩浩荡荡准备回到出生地时，它们并不知会有怎样的命运在等待着它们。由于海平面低于大陆河面，在它们返回的途程中，会不得不向上跳跃到1米高以上的河段，逆流而上，最终能回到家的三文鱼少之甚少。

这条回家的路实在不易。

当人们为三文鱼的每一次跳跃成功而欢呼，为每一条到达目的地的三文鱼发出由衷赞美，可曾知道，有多少三文鱼在回家的路上，被撞得头破血流？有多少三文鱼早已夭折在路途中？还有些，眼看就要成功了，却已没有了最后的力气。再被激流一层一层地冲回，最后不得不放弃，随波逐流。

如愿以偿的真的屈指可数。

你不禁感叹道："是什么声音在召唤它们？它们又是靠着什么找回出生地。所有人都在谈论梦想，有谁能告诉我，一旦梦想破灭，该如何坚强地活下去？"

是的，这就如同来自世界不同地域的孩子们奋不顾身地走上了追梦的道路一样。哈佛大学激烈的竞争程度远远超出我们想象。我们更需要听一堂"被哈佛拒绝了该怎么办"的讲座。直到这会儿，我才明白自己忽略了一件多么重要的事情。

如果今天你收到了那份梦寐以求的，来自哈佛的录取通知书，在这一时刻，我们全家都会成为全世界最幸福的人，但是，我们收到的是拒绝信，虽然失望，我们却并不倒霉。无论你是被录取了还是被拒绝了，大学本科，在你漫长的岁月中，只会成为你简历中一行不起眼的字而已。这些年走在去哈佛的路上，本身就是一件幸福的事。

若是非诚，便请勿扰

生日那晚，窗外轻盈的樱花漫天飞舞，可是收到哈佛的Sorry，我的心整晚都在疼痛中流血。

想起了出国前，曾经壮志凌云地决定，要精通语言，了解不同的文化，要进入美国顶尖大学。那是否是一种少年不识愁滋味的天真幻想？

想起了出国前，我信誓旦旦地告诫自己，要发愤图强，学有所成，不然没脸回去见父老乡亲。那是否是一种初生牛犊不怕虎的稚嫩勇气，或者说，死要面子？

想起了国外这四年，我没有回过一次国，没有踏上过一次那片朝思暮想的土地，没有见过一次那些青梅竹马的朋友，没有拜访过一次那些血脉相连的亲戚。为了什么？不过是为了争取更多的时间，待在温哥华静下心来，多学习一些课程，多参加一些活动，多为申报大学做一些准备。那是否是一种值得的牺牲？

想起了国外这四年，在别人以为“出国很光鲜”的表象下，承受了多少痛苦、克服了多少困难。在学习活动竞争都很激烈的华裔同学之间苟延残喘，在只崇尚派对与玩乐的西人同学中辛苦地寻求融入，在一些对亚洲学生带有偏见和歧视的老师面前仍要面带微笑、保持淡定。同时，还要与另一群假装唾弃分数、背地里悬梁刺股的众多同学搞好关系，掩饰自己对这种表里不一行为的厌恶，不过是为了争取学生会和学校社团竞选时的一张一张小小的选票。而不知不觉间，我又惶恐地发现自己竟仿佛成为了他们的一员。那是否是一种值得的付出？

想起了国外这四年，大部分同学会有一个家长仍待在国内工作挣钱，而我的爸爸妈妈，放弃了国内所有的一切，两人都巴心巴肝地在加拿大当陪读。我想起了不喜欢熬夜的妈妈每天等我睡了，她才关灯；早上我还没起床，不擅长做饭的她已经在厨房开始准备早餐和我带去学校的午餐。想起了爸爸和我的老师打着手语、说着磕碰的英文来打听我在学校的表现；有时我开小差，在网上漫无目的地浏览，他却认认真真、尽职尽责地在隔壁房间帮我查看着各大学的网站，尽管每个单词都需要对照中英字典。这一切，是否是一种有价值的投资？是否对得起他们注入如此多的爱、精力、金钱和时间？

此时尘埃落定。尽管今年竞争惨烈，网上还是陆续有个别同学发表他们被常春藤录取的消息。恭祝的人无数。我并不羡慕，只是为自己感到悲哀。

那些恨我的竞争者们是不是正在嘲笑我；那些爱我的朋友们是不是同我一样难以接受这样的现实？

在常春藤日到来之前，还自以为失败和成功都做好了准备，能够淡定面对，可是此刻，心中还是一番酸楚，反反复复一个念头：我真的很失败。这就是我的十八岁。

后来加州伯克利和洛杉矶分校的录取信都陆续收到了。虽然他们都是好学校，可是我心中的痛楚一点没有减少。我只是感觉，自己的能力和付出的努力远远不只伯克利的水平。真是自不量力。

晚餐时，我把妈妈做的青菜一口全部吃光，狼狈地对爸爸妈妈说："我们看部电影吧。要看喜剧片。"

选来选去，家中只有一部《非诚勿扰 2》。

艳丽的片头，芒果和香山隆重地举办了一个搞笑的离婚典礼。证婚人秦奋问芒果："你能对着钱发誓，无论对方将来多么富有、多么健康、多么爱你，都不愿意和他在一起吗？"

面对这样沉重而滑稽的镜头，我不自觉地哈哈笑起来。黑暗的房间里，我感觉妈妈从一旁投来观察的目光，小心翼翼地担忧着我。自从常春藤大学结果出来以后，我神情恍惚，这是她听到我的第一个笑声吧。她一定是担心坏了。想着想着，我嘴角还挂着笑容，眼眶的泪水就扑哧扑哧地落下。我没有哭出声，怕妈妈听到更加难过。她和爸爸不是也要承受同样的痛苦吗？还得在我面前强装笑颜。

片尾，男二号香山得了癌症，生命快走到了尽头，正在开办人生告别会。告别会上，屋外下着细雨，屋内点着烛火，香山的女儿送给她爸爸一首诗："你在，或是不在，我就在这里，不悲不喜。你念，或是不念，情就在这里，不来不去。你爱，或是不爱，爱就在这里，不增不减。你跟，或者不跟，我的手就在你手里，不舍不弃。”

这次，我忍不住地大声啜泣起来，也不知是因为电影故事的感人和悲剧性，还是因为自己的处境。一年前，我曾根据香山女儿演绎的这首仓央嘉措的《见与不见》改编了一首诗，以此来激励那年常春藤落榜的学长学姐们。

我当时是这样改编的：你拒，或者不拒我，我就在那里，不悲不喜。你录，或者不录我，努力就在那里，不增不减。你要，或者不要我，梦想就在那里，不离不弃。

当时是那样坦然地改了这首诗，为的是安慰落榜的学长学姐。如今要用同样的诗安慰自己，恰到好处，多么讽刺。

电影里，芒果和香山举办隆重典礼。别人以为他们在结婚，实际他们在离婚。

电影里，秦奋为香山举办追悼会。别人以为香山已经过世，实际香山还活着。

电影和人生一样，不都充满着反语和讽刺吗?

关掉手机，关掉电脑，断掉与外界的一切联系。可是在床上的我辗转反侧不能入睡。当时还剩个哥大不知录取结果，可我不敢再寄任何希望，不敢再奢望任何惊喜，不敢再像今天早上傻傻地奢望上帝会给我什么特殊的生日礼物。

上帝是丢弃我了吗?

我像一只迷失了的小羊羔。

短短的一天，也就是我生日这天，我的心情和状态竟然可以经历如此翻天覆地的变化。

申报常春藤，若是非诚，便请勿扰。

爸爸手记

爸爸妈妈曾经经历过中国高考，如今有幸和你一起全程申报美国大学。我们难免感叹：美国名校的申报不但时间长、范围广，还要一个有战斗力的团队。爸爸上研究生时曾经参加过中国苏联联合冰川科学考察，当时的队长是我的老师。今天我们家申报美国大学的这个团队就像一支登山队，而队长，就是你！我们已经准备好了登顶时享受成功的美妙，但是却忽略了假如登顶不成功时，如何面对结果。只是今天——3月29日我们才陪你真正补上了这堂课。

你九年级刚刚从国内来，别的同学上了两周后你才得以入学，而你十年级是以候选名单的身份最后一个进入WPGA的，收到录取通知书时，学校选课已经结束，你已经没有选择余地。十年级期间你发现你的同学们已经超前学习十一年级甚至十二年级的课程了。你说："太可怕了，这么多比我有天赋的人还比我勤奋这么多。"十年级一结束你就决定要把物理、化学的十一、十二年级课程及AP课程在十一年级结束前全部自学完。虽然你的代课老师对你是否具备这样的学习能力持怀疑态度，事实上，你不但一年内修完而且还取得了好成绩。你的干劲、你的自学能力让学理科的爸爸心存敬佩。

在2010年温哥华举办冬季奥运会期间，中侨互助会的负责人安排你来组织筹划唐人街的庆冬奥表演活动。连续两周庆冬奥6场多元文化节目竟然让一个不满16岁的学生来操办，这样的大胆令许多人替你捏把汗。爸爸妈妈也担心你有没有这个能力。

为了联系演员和义务工作者、安排日程，一回到家做完作业，你就开始安排了：明天有几个节目、谁是第几个上，明天有几个义工，谁负责接送敬老院的老人、谁负责食品、谁负责宣传等。有时爸爸妈妈睡了你还在打电话，作登记。我记得有三张观看中国和加拿大冬奥女子冰壶比赛的票，却没时间和爸爸妈妈一起去观看比赛。最后你出色地完成了这次大型活动。

十二年级开始了，你进入了最忙碌的阶段。当时我们把时间都按分秒来计算。可是你依然每周要花3~4个小时来写你在《环球华报》的专栏文章。你说那是一块能让你尽情表达自己思想的天地，是和朋友们分享心得的美好场所，没有理由因为申报大学而中断。

你总是告诉爸爸妈妈，走在去哈佛的路上的快乐和享受。面对温哥华的阳光沙滩、冲浪划船、高山滑雪、各种美食、朋友聚还有网络的诱惑，你却能静下心来，专注到你的学习和活动中去。

因为你的N条理由，我们全家来到加拿大，到了一个陌生的国度。我有过茫然和失落，你邀请我们参与到你申报美国大学的过程之中。这个过程让我有了太多的收获：学习了英语、充实了生活、了解到美国大学录取本科生的魅力，也让我找到了在北美生活的自信和乐趣。

如果说，你最初申报哈佛，是想证明你自己，那么，走到现在，哈佛对你来说，已经变成了一个符号，它的拒绝已经变得不那么重要了。木桶理论让我们明白一只木桶能装多少水，取决于最短的那条木板。因此你经常思考自己的“短板”在哪儿、自己的缺点是什么？重要的是失败给了你反思的机会。重要的是你一直走在通向哈佛的路上。

一路走来，你一直在同一个人作战，那个人就是软弱的你、浮躁的你、片面的你、主观的你，那个人就是昨天的你；你变得越来越强大了；刚到学校，你敢于迈步走向学校的竞选台，用还不够地道的英语参加演讲，坦然着面对同学们的笑声；面对其他同学的优秀，你由衷地赞美并奋起直追；无论遇到怎样的困难，你都说“新的一天就要让旧的烦恼忘记，一切重新开始。”这一句话你常用来激励自己也激励爸爸妈妈；你和老师同学们分享你申报过程的细节，讨论申报中的疑问，令你们之间的关系更加亲密。

你不但自己走在这条路上，你还带领着爸爸妈妈一起上路。在爸爸妈妈眼中，成功不能依靠名牌大学的光环来证明，你也不需要用成功来证明自己。成功是你笑对人生的从容，关爱他人的情怀和不耻下问的坦然，你就是你，独一无二的你。

不论是在生活中还是在学习上，面对挫折和困难，你从没有知难而退，都是迎难而上。这一路虽然崎岖坎坷但风光无限——我们全家一起在煎熬中感觉到甜蜜滋味，在挫折中憧憬到美好希望。这样的过程不是早已超越结果本身了吗？我们收获的远远比一份通知书来的更加丰富精彩。

爸爸妈妈听见你在床上辗转难眠。夜已深，在你十八岁这一天，有这样一个不眠之夜，仿佛以一种独特的方式教你成长——付出是必需的、失败是常有的、而成功却不是必然的；有机会收获失败的经历，和成功同样重要。无论如何，明天又是新的一天。

推荐书目：

1. *Admission Matters*：*What Students and Parents Need to Know About Getting into College*，Sally P. Springer，Jon Reider，Marion R. Franck.

2. *Countdown to College*：21 *To Do Lists for High School*：*Step - By - Step Strategies for* 9*th*，10*th*，11*th*，*and* 12*th Graders*（2nd Edition），Valerie Pierce，Cheryl Rilly.

第八章 风雪夜归人

柳暗花明又一村

在床上翻来覆去一夜，第二天六点就昏昏沉沉地爬起来，查看哥伦比亚大学的结果。一坐在电脑前，我因缺乏睡眠而引起的疲惫感陡然消失，心怦怦地跳着，准备再次被重重地捶上一拳。不就是再多一封拒绝吗！又再 Sorry 一次吗！

一夜过去，我已经不敢相信奇迹，已经习惯了失意。

爸爸妈妈还在睡觉。这时已是美国东部时间早上九点了。哥大的招生办已上班了，而且负责任地将包含用户名和密码的邮件第一时间发来了。

内心尚存一丝力气，一线希望，推动着我登录哥大的查询网站。

网页上先是跳出一个欢迎视频。我将其关掉，然后点开显示结果的链接。

先看到信上的第一个单词，我停了一下，再凑近脑袋，瞪大眼睛，确保那第一个单词没有看错以后，我居然还检查了信的排头，确保那封信是发给我的。

不过一秒的时间里，我已飞奔到爸妈的睡房。

“嘭”的一声，我推开了主人房的门。

妈妈在黑夜中一骨碌从床上爬起来，抱着我：“宝贝，怎么了？”

“爸爸、妈妈，我被哥伦比亚大学录取了！我被哥伦比亚大学录取了！”后来，爸爸妈妈告诉我，这是世界上最动听的声音。他们想将它设置成彩铃放在手机里，经常听。

“真的吗？真的吗？妈妈一夜没合眼。”妈妈激动地说。

“我早知道哥大会录取你。”爸爸一副事后诸葛亮的样子。

山重水复疑无路，柳暗花明又一村。经历了昨夜的失望和无助，这份迟到的生日礼物令我有些不知所措、欣喜若狂、加倍珍惜。

遇到自己喜欢又喜欢自己的学校，就像在对的时间遇到自己喜欢又喜欢自己的人，是件多么不容易的事。想着想着，我落下甜蜜的泪水。这次，情感、命运和时间都对上了号，这次不能再错过了，不能再失去后才懂得珍惜了。谢谢你，哥大。

海伦·凯勒说过：“Faith is the strength by which a shattered world shall emerge into the light.”（信念是带领一个支离破碎的世界通往光明的力量。）

原来上帝没有遗弃我。原来我的价值终会被认可。原来只要努力了、争取了，新的契机终会出现——有时只需多等一会。我这次真的相信妈妈说的那句话：只要坚持到最后，你就会是最幸运的那个人。

爸爸手记

人生，是一场漫长的等待，我们等待着出生，等待着长大，等一个人，等一个答案，因为我们始终不知道，后来发生了什么。于是，便只有等，等一切揭晓。经历过等待的人都知道，等待是痛苦的，也是美丽的。它不但有寝食难安的辛苦，也有柳暗花明又一村的惊喜。

每个人心中都有他所等待的东西，或是一个希望，或是一个目标，或是一个人一件事，不管等待的是什么，那肯定是一件美好的事情，是心中的渴望和希望。这次我们等的是一个结果，为了它我们全家奋斗了整整一年的时间，经历过艰辛的奋斗，无论什么结果都已经无怨无悔，我们只是把结果交给了时间，而此刻的时间只能用来静静的等待。我们等待着也憧憬着，憧憬着所等待的能够实现。虽然等待的过程是一件很煎熬的事情，但是那心中的渴望支撑着我们继续等下去，梦想需要等待，成功更需要等待。梦想成真那一刻的喜悦足以让我们忘记这些等待的煎熬。

有些等待是经过漫长的等待会等来的，而有些等待是永远等不来的。只有努力付出的过程才能有等待的结果，回首我们走过的路，我们有过欢笑和泪水，遗憾和无奈，还有一次次的碰壁和失败，但一路走来，我们在用心感受和成长，只有认真过好当下，才能遇见未知的自己，遇见最美的自己。这正是在漫长的等待中沉淀的智慧。

当一切尘埃落定的时候，我们开始怀念那段步履为难的岁月，那些在深夜里敲击键盘的声音，和望眼欲穿的等待。

申请的历程如琥珀般多变，等待却是最初的苍老。申请本身就是一个跌宕起伏的过程，是人生的一个缩影，也是生命的转折点。从开始到结束，犹如鲤鱼跃龙门那样，奔走于现实与梦想之中，畅游在海天之上，虽然一路荆棘，但风光无限。很多时候面对人生中的转折点，我们缺少的不是一个火热的态度，而是在面对这些迷茫，挣扎，忧伤时的一种理性的坚定。

经历了 3 月 29 日的“全聚德”痛苦的煎熬到次日凌晨的喜从天降，这么富有戏剧性的故事，我们以为只会在书本里读到。生活有时也会开玩笑，在一个重要的时刻奉献给了我们一个真实的童话。虽然结果并不重要，但是，有这样一个美妙的结果，感觉真不错。

遇见对的人——为什么哥大要录取我

平静过后，我试图分析被哥大录取的原因。

我爱读《道德经》，自然而然地形成了一种比较顺其自然、上善若水的无为精神；喜欢守株待兔，就像姜太公钓鱼一样等待愿者上钩，等待机会来临。可是申报大学的过程强迫我改变了以前这种面对机会静观其变的消极态度。

小时候读过一本书，叫《世界上到处都是有才华的穷人》。其中有一句话我一直记着：弱者等候机会，而强者创造它们。

申报大学时，特别是申报哥大时，我感受到了内心一股强大的意愿不断冲击着我、暗示着我：要去哥大，一定要去哥大。

我多想作为一名本科生，近距离体会普利策奖（美国新闻界的最高荣誉，由哥伦比亚大学颁发）的颁发，去它的新闻学研究生院（全美乃至全世界最优秀的新闻学院）上课。

我多想在著名的东亚图书馆（美国第一个“中国图书馆”，收藏中文图书仅次于美国国会图书馆和哈佛大学图书馆）读书，遨游在书的海洋，与学识渊博的教授谈古论今，在丰富的资源中发现一些不为人知的关于中国的趣事。

我多想畅游于这个顶级的高等学府，融入这个影响世界的重要都会，在体验西方教育的同时掌握西方文化、贡献我的东方背景，相互取长补短，在未来全球一体化的世界里成为东西媒体、政治和文化的桥梁。

我多想躺在 Butler 图书馆前的草坪上，手中端着一杯星巴克咖啡，与志同道合、出类拔萃的同学一起憧憬未来。

我多想去时代、纽约时代等大型媒体总部学习传媒，去联合国总部学习外交，去华尔街学习金融。

我多想去五号大街上购物，去百老汇看戏剧，去林肯中心听音乐，或者呢，就傻傻地待在中央公园，像狗仔队一样静等某位大明星的出现。

我就是想去纽约，想去哥大。

这样一种强烈的向往，渗透在我的整个文书里。写哥大的文书时，我感受到笔尖上那份对哥大的热忱。这种狂热带动着我的笔尖迅速地移动。

吃饭时，睡觉时，和爸爸妈妈跑步时，和朋友聊天时，我都在想：我那么想要它，我也要让它那么想要我。可是，怎么做到呢？这种思绪不能被打断，一旦终止，它就很难再恢复。我不希望它被打断。于是在申请季期间，我拒绝了无数朋友聚会的邀请，舍弃了无数通过权衡后认为没那么重要的安排，取消了无数的社交活动。

有天已是凌晨，我突然从被窝里爬起来，所有倦意被抛至脑外，像被打了兴奋剂一样，打开电脑，手指像穿着红菱艳（电影《红菱艳》是红舞鞋（THE RED SHOES）的译名，红菱代指穿着红舞鞋或者穿着红舞鞋的脚）的脚尖一样轻快自然地在键盘上舞动着。文书的初稿就是这样形成的。

我毫无保留真实地、诚恳地把完整但又不完美的自己展现在我的文书里。假设大学不欣赏我的不完美，那么就算它礼貌性地接受我，我也不愿意去。于是，那些战战兢兢不敢说的话，那些保守而不愿向外人透露的私房密语，那些储存在脑中无法释放的各种奇思怪想，那个自卑的我、自信的我，害羞的我、开朗的我，肤浅的我、博学的我，全部被宣泄在文书里。文字自然是后来一改再改，而思想和情感则全是一次性地、连贯地输出，不加任何修饰——那是属于我们之间的对话。

收到录取通知书后，我重新阅读我的申报文章和表格，竟揪出了好几个错别字，于是愤愤不平地认为，这份申报表仍有很大的进步空间。

原来有时不是你够不够好，不是你够不够勤奋，而是你有没有找到对的人。当你遇见了对的人，合对了双方的口味，便会喜结良缘，你的缺点和弱点在那人的眼里全部转变成了一种美。

总会有人问我："美国名校究竟最看重什么因素？"我想，不是文书，不是成绩，不是活动，而是"你"，那个最真实最独特最不完美的

“你”。这个“你”不需要任何伪装，不需要参考成功申请范文，不需要掩盖自己弱点。畅所欲言、敞开心扉、不做保留。最坦率的申报表才会吸引住你最心仪的学校。

我的西方朋友常说，要 follow your heart（随心所欲）。我的“心”不会大声直接地告诉我它在感觉什么、思考什么，它只会在它喜欢的事物前，迸发出更大的能量和热情。申报前，我并不知道我的“心”想要什么。在申请的过程中，我的“心”暗示我：比起在像波士顿、罗德岛这样安静的郊区里静心学术，我更喜欢在充满机会的繁华的国际都市里学习、活动和生活。只有静静地去听，才能听见自己的心声。只有我的“心”强烈地想要某样东西，那样东西才会自然而然地也被一种神秘的磁场吸引着、才会也想要我。

并且，哥大是我最后一个申请的学校。

经历了申请其他学校的各种磨炼和练习，我已经沉淀到一定程度，对写申报文章越来越得心应手，可以说博古论今、信手拈来。填写第一份大学报表的时候，我还完全是稚嫩无知。哈佛和布朗这些文书我写得比较早，当时的思路和技巧不够清晰和熟练。

申报某些学校，就像没有在对的时间遇上对的人。结局可能遗憾，却也符合常理。我笑着摇摇头，没有了遗憾。

身边很多朋友，可能已经或者将要经历与我生日那天同样痛苦的夜晚。不知他们是否也像我那晚一样，因为缘分的缺失而一口否定自己，怀疑自己的价值。他们是否也像我那晚一样，过于悲伤，太在意别人的目光，而忘记了自己应该竭力从悲伤中学习、摄取经验。他们是否也像我那晚一样，好像不知觉地丢掉了自己十八年来的修行和内力。他们是否也像我那晚一样，忘记了无论黑夜多么漫长，黎明总会来临；忘记了要变得强大，强大到能够成为照亮自己的世界的那个自己的太阳；忘记了只要身边还有懂的朋友、爱的父母，只要还相信自己、保持乐观的心态，就留得青山在，不怕没柴烧。坚持到最后，总会看到一线曙光，总会遇见对的人。

相信上帝。他总会带来奇迹。

我曾幻想过无数次，假设哥大没有录取我，我会怎样？即使它不录取我，那个不眠的夜晚，那些为它的狂热和付出，那些失而复得的曲折，生日之夜坠入谷底的痛苦折磨，忽然又柳暗花明的惊喜体验，是我人生中珍贵的回忆和宝贵的财富。

爸爸手记

张小娴曾经写过："在对的时间，遇见对的人，是一种幸福。在对的时间，遇见错的人，是一种悲伤。在错的时间，遇见对的人，是一声叹息。在错的时间，遇见错的人，是一种无奈。"这一段文字不但可以贴切地形容恋人之间，也被你用来可以形容与大学的关系。回头想想，发现申请大学的过程和相亲很是相似，在相亲过程中，碰到合适的对象，我们都会努力把自己打扮成对方喜欢的类型，而在申请学校时，申请者也会想尽办法要把自己打造成自认为学校想要的学生，但结果常常会惊讶地发现，很多时候不过都是在"对的时间遇到错的人"，不是最终被接纳的对象形象完全超出自己的想象，就是想方设法"入门"了才发现自己和对方并不"匹配"，但又不甘心放弃，只能一面责备自己不知足，一面劝自己要珍惜现在，咬紧牙关继续走下去。

中国传统讲究的门当户对还是有道理的，在挑选大学的过程中，其实就是一个"相配"和互相吸引的过程，在挑选的过程中，当周围的人催促孩子要去哪里读书、去哪个国家留学、去哪里工作时，申请者要明白自己是谁，自己真正想要什么。作为父母，我们的任务不是要孩子听话，给他们选择好对象，帮他们进入名校，做我们要他们做的事情，跟我们喜欢的人结婚，而是要帮助孩子认清自己、发现自己、欣赏自己、找到最适合自己的，让他们享受在对的时间遇见对的人的那种幸福。

知识推荐

美国大学校园精华集

宾州大学冰淇淋店（Penn State's Berkey Cremery）：全美国最大的校园冰淇淋店

乳酪店（Cheese Shop）：College William & Mary

美国大学自己办的校园旅馆：The Inn at Virgnia Tech，The Boar's Head，Cavalier Inn（University of Virginia）

哥伦比亚大学的中国名人校友

教育学家：胡适（北京大学校长，中国驻美大使，哥伦比亚大学博士）、马寅初（1882—1982，经济学家、教育学家、人口学家，北京大学校长）、蒋梦麟（哲学家、教育学家，北京大学校长，教育部长，行政院秘书长）、陶行知（哲学家，教育家）、罗家伦（1897—1969，清华大学校长）、凌鸿勋（1894—1981，交通大学校长）、黎照寰（1898—1968，交通大学校长）、蔡翘（1897—1900，医学教育家）；

社会学家：潘光旦（1899—1967，清华大学教授，清华百年史上四大哲人之一）、吴文藻（1901—1985，中国社会学研究会顾问，中国民族学学会顾问，著名社会学家费孝通的老师，冰心的丈夫）；

文学家：许地山（1893—1941，小说家）、徐志摩（1897—1931，诗人）、闻一多（1899—1946，诗人）、梁实秋（1903—1987，散文家、翻译家）、严歌苓（1957—，小说家）、文学史家夏志清先生（1921—2013，从20世纪50年代起就在哥大东亚系执教）；

音乐家：周文中（1923—，哥大艺术学院副院长）、谭盾（1958—，奥斯卡音乐奖获得者）、周龙（1953—，作曲家，普利策音乐奖获得者）、陈怡（1953—，作曲家，多次大奖获得者，美国国家文理科学院终身院士）；

物理学家：吴健雄（1912—1997，长期任教于哥大）、袁家骝（1912—2003，袁世凯之孙，吴健雄之夫，长期任教于哥大）、李政道（1926—，华人第一位诺贝尔奖获得者）；

化学家：侯德榜（1890—1974，“侯氏制碱法”的发明人、化学工业部副部长）、唐敖庆（1915—2008，化学工业部部长，吉林大学校长）；

政治人物：宋子文（1894—1971，哥伦比亚大学博士，中华民国行政院院长）、顾维钧（1888—1985，总统秘书，北洋政府外交总长，财政总长、代理国务总理）；

社会名流：吴舜文（1913—2008，裕隆财团董事长），徐旭东（1942—，远东集团的董事长），连胜文（1970—，国民党名誉主席连战的长子），杨澜（1968—，著名节目主持人）。

推荐网站

想购买或租借便宜教科书可以去以下网站：http：//www. rent-text. com/

世界上最大的电子教科书网站：http：//www. kno. com//一个比较好的电子教科书网站：http：//www. ecampus. com/

无法回头——参加美国大学新生开放日

常春藤日，也就是我的生日过后，所有大学的录取结果都出来了。每所发送录取信的学校都陆续发来邀请，要让收到录取的学生们参加学校专为新生举办的开放日，以此吸引被录取的学生选择此校。

多伦多大学（University of Toronto）的 Rotman Commerce 和西安大略

大学（University of Western Ontario）的 Richard Ivey School of Business 两所全加拿大最好的商学院录取了我，外加奖学金，但我没有考虑。加州伯克利（University of California，Berkeley）和洛杉矶分校（University of California，Los Angeles）的通知书和邀请我也暂且放到一边。我和爸爸妈妈决定，先去纽约参加哥伦比亚大学（Columbia University）的新生开放日，再飞到芝加哥，参观芝加哥大学（University of Chicago）和西北大学的麦迪尔新闻学院（Northwestern University Medill School of Journalism）。

参加哥大的开放日时，就如同参加自己一个亲人的聚会，无比亲切。我早已经决定，此时更坚定了，这便是未来四年我要学习的地方了。

可是我在传媒方面的朋友觉得西北的麦迪尔新闻学院是全球数一数二的新闻学院，非常靠谱，可以直接在本科就深入地学习新闻。后来在西北见到校友，旁观了她组织电台节目和参加报社活动，更令我对麦迪尔充满了信心。

而我的老师们则觉得，芝加哥大学具有超强的学术能力，与哥大（还有哈佛）一起被公认为“美国高等教育的三强”，它的学术声誉也与哥大同排全球前十。老师们建议，我该在芝大与哥大两者之间慎重选择。

芝大是我在美国参观大学的最后一站。

不同于老师们的看法，我参观大学，寻找的不是排名，而是感觉。可是宿命好像悄悄地告诉我，我与芝大无缘。于是我悄悄地把自己的感觉藏好。

飞机刚刚抵达芝加哥，芝大的招生办就贴心地来电，确认关于参加开放日的事宜。而在此之前，学校早就发过无数邮件，给学生提供了开放日两天完整的行程安排、交通方式和推荐住宿。

开放日那天，来宾们在芝大的 Ida Noyes 礼堂报到。我和爸妈刚下车，就看见礼堂的阶梯上一个穿着西服、瘦瘦高高、教授模样的人热情地来同每个来宾握手。他满面笑容地对我说：“恭喜你被芝大录取！你的爸妈一定非常自豪。我是招生办主任，欢迎来到芝大!”

爸爸听不大懂那位教授在说什么，便也用他的破英文礼貌性地寒暄两句。我之后解释说：“那位可是主管招生的招生办主任。”爸爸这才被芝大对此次开放日的重视程度吓了一跳。

报到时，专门来为开放日做义工的应届学生给每个新生都发了个袋子，里面有印有芝大名字的包包、T 恤、行程安排、饭票和书店优惠券等。

早上的活动被安排得满满的，学校组织了各种各样的参观、讲座、演说和由曾获诺贝尔奖的教授主讲的公开课。

中午，拿着饭票去芝大饭堂吃饭，我震惊了。哪里免费吃过这样丰盛的自助餐啊！从饮料，到各种文化的主食、菜式，再到水果、点心、雪糕。我和爸爸妈妈应接不暇，吃得肚子圆圆的。

下午正式的欢迎仪式在一座哈利·波特式的教堂里进行。

教堂里人山人海，我在走廊里眺望，试图寻找位置。旁边一位男生立即让开他的座位，腾出空位招呼着让我坐下。

“嗨，我叫迈克，你呢?”

“我是海伦娜。很开心认识你。”

聊了好一会儿后，我问：“你是确定秋季要来芝大了吗?”

“如无意外，是的。你呢?”

我默默地摇摇头。

台上的教授和学生神采飞扬地讲述着芝大的各种好。曾经我是那么想去纽约，想去哥大。而如今身在芝大，我却不知不觉地开始有些犹豫。我对芝大的感觉却好像正在悄然溢出。它像是一坛陈酒，也许不是常春藤名校，也许并非众所周知，也许外表并不出众，打开却散发出浓厚的香味、蕴藏深厚的内涵，令人越来越爱不释手。

迈克有所思地点点头：“那，你打算学习什么专业?”

“传媒，经济，或国际关系。每所学校报的专业都不一样。你呢?”

他假意撑着下巴思考一番，然后拿出芝大的一沓资料，掏出那张介绍本科专业的宣传单。他闭上眼睛，手在空中画了几圈，食指随机地停在宣传单上的一个点。那个点上写着“中东研究”——这可是最冷门的专业之一了。

“对啦，我就要学习这个啦!”

这番无厘头的举动逗得我咯咯地笑起来。我说：“算了算了，没人信你。”

“那你来芝大，我就学这个!”

我笑而不答。迈克头撇一边，也没有再说话。

欢迎仪式结束后，家长和学生开始分头行动。家长被移动到另一个古老堂皇的房间，房间里摆满了各种精致的西式点心。芝加哥大学的校长在此亲自欢迎并款待来参观的新生家长。

妈妈临走前，莫名其妙、忧心忡忡地跟我说：“那男生是比较帅，可是离开父母在外面过夜，不要单独行动!”

我忍不住哈哈大笑起来：“您老往哪里去想了，两位新朋友说话都不行吗？这几年在温哥华，我已经修行得心如止水了。你还不相信我的定力吗?”

家长离场了，学生则被挪到另一个礼堂听讲座、等待分配宿舍的安排，因为那晚我们要在芝大的学生宿舍过夜好体验真正的大学生活。

我被安排在南茜的房间过夜。南茜是一个大二的在校学生。

南茜当时正忙着考试和实习，但是我要做什么，她都毫不犹豫地放下手中的事情去陪我。

吃晚饭时，她为了专门同我一起坐在一张饭桌，离开了自己的朋友，我对南茜说：“芝大的伙食太好了!”

“虽然我们伙食平时也不错，这周你们新生来，花样更多了，味道更好了。学校厨房专为你们新生开小灶呢。”南茜诚实地告诉我。

我听了，不但没有责怪芝大对新生的“特殊服务”，心里反而变得更加暖暖的。

晚饭后，在芝大读书的中学校友带我游转了芝大的图书馆、各种建筑和其他宿舍。一路上遇见不少校友的同学和舍友，他们都是那么好客友善。我从没有在短短的一天内遇见过这么多、这么友好热情的人，心里越发暖暖的。

南茜说：“晚上芝大专门为新生举办了各种活动，其中包括一个兄弟会举办的派对。”说完她有些不好意思地解释：“不过，我要事先提醒你，假如这个派对不好玩，你可万万不要一概全否，误认为芝大的派对都不好玩、误认为芝大真是个书呆子的学校。其实我们的娱乐生活非常丰富。你来了就知道啦!”

南茜看起来是比较文静内向的学术型，但她怕我在派对上只身一人会尴尬，就舍命陪君子，同我一起前往派对。

这是我参加的第一个大学兄弟会派对。

一间隐秘而喧闹的大房子前，一群人在门口见到我们进来，大声道：“新生对吧？快来快来。欢迎欢迎!”南茜带着我上楼，把外套挂起。

上楼的路程走得很艰辛，一路都挤满了人，每人手中都端着一个塑料杯，每个杯子里都装着酒。

我对南茜说，我不喝酒，最多只会在别人一口灌下一杯时，假意地抿一口。南茜笑了，悄悄地说，彼此彼此。

南茜之前的话果然被验证了：派对不够火爆。除了在玩 beer pong（一种派对游戏）的人比较投入之外，不少都比较腼腆地在屋内站着。

在派对上，我遇见了几个白天一起参加公开课的美丽的金发女孩。我们见到对方激动地拥抱在一起。她们冲破嘈杂的人群和音乐，扯破嗓子对我喊道：“我们明年都要来这里上学。你也来吧来吧。我们这么多人一起有个伴，多好玩!”

然而音乐和人声淹没了我回应的声音。

楼上的舞厅也开启了。灯光效果倒是不错，可是音乐却放着Gotye的《Somebody that I Used to Know》。那是首多么忧伤的歌，多么慢节奏的失恋疗伤曲。虽然被混音添加上了摇滚节奏，可是舞厅上的一对一对跳舞的人却全都跳不起来，傻傻地站在舞厅中央，或者笨笨地扭扭屁股。

我看着听着，就不自觉地笑了。芝大的学生真的很可爱。

南茜有点误解我的笑，手忙脚乱起来。俨然一个东道主的她好像正在带领一个贵宾参观她心爱的房子，生怕贵宾会对她的寒舍有何不喜。

“千万不要介意。其实、其实一般我们的派对真不是这样的，会好玩很多呢!”

从派对回宿舍后，要睡觉，灯光熄了大半。我蜷在南茜的被窝，说:“我不想走了。”

“那就留下。别走了。”

突然，尘封的回忆蓦地被撬起。四年前，我离开一个国度前往另一个国度，听到过同样的话。四年后，我离开那个国度前往第三个国度，往事重温。而今天，又是一样的情形。

这世上有多少种相遇，如同一对双曲线，短暂而深刻地交集一次，便要匆匆告别，无论多么不舍。

这世上有多少种缘分，被珍藏了一段时间，又要被吹散，手中只剩下被握紧的回忆。缘分的起始，兴许就是为了缘分的终止。

这世上有多少可以选择的路，还有多少未选择的路。

然而，当你已经一脚踏上了你选择的路，那纷繁的交通线只剩下两条路:一条是你正在走的路，另一条叫做没有后路。

当我们各自走向各自选择的路上时，双方都没有言语一句，沉默地背对背地离开。彼此之间也只能在分别之后，发条短信说:“原谅我吧，我只是害怕回头。”

可是，回忆总是那么美好，错过的缘分总是那么可惜，未选择的路总是那么充满幻想和神秘。没有回忆、没有遗憾的人，怎么能够坚持着继续走下去。

有一次，好友问："英文里，'遗憾'和'后悔'有什么不一样?"

我一时愣住了："呃……都可以用 regret 来表示。"

友人叹了口气："是啊，可是遗憾和后悔明明是完全不同的情感。"

呵呵，也许英国人没有分清两者的差别。

面对那些未选择的路，我想，也许遗憾可以，后悔，就不必了。

席慕蓉说过："在一切痛苦与欢乐之下，生命仍然要静静地流逝，永不再重回。"既然生命不能重回，那我们只能珍藏着回忆和携带着遗憾，让生命静静地流逝，在已选择好的路上勇敢地走下去。

第二天早上起床时，南茜的床上已经空空如也。她一大早就赶去参加实习了。她给我留下一条告别短信。打开短信，我内心如潮涌，千言万语，在那一刻，却变为了沉默。我连句感谢都没来得及说。

如此匆匆。

那天早上，又在去礼堂的路上见到了迈克。比起昨天的开朗热情，他沉默了不少。他终于开口想说些什么，远处突然跑来几位学长，焦急地把他拉上一辆即将出发前往机场的巴士。连句再见都没来得及说。

如此匆匆。

说好下午和校友在密西根大道上吃饭，说好和那几个美丽的金发女孩去参观芝加哥艺术博物馆，最后却都因为各种突发事件、各自繁忙的安排而无果而终。连句"保持联系"都没来得及说。

如此匆匆。

回复学校的截止日期快到了。芝大在网上问："你是否会就读我们学校。"我呆呆地坐了好几分钟，终于下定决心，点击"不会"。学校马上发来邮件："我们感到十分遗憾……希望你在报考研究生时还会考虑芝大。"学校又问，你将要入读哪所学校。我恍惚地打下"哥伦比亚大学"。学校接着问，为什么拒绝就读我们学校。而我再无法佯装淡定，迅速关闭了邮件。连句“为什么”都没有来得及回答。

如此匆匆。

匆匆地来了，又匆匆地走了。

如果我不来芝大，会错过一群好朋友。如果我不来芝大，会错过一所优秀的学校。如果我不来芝大，今日一别，在这里遇见的人和物，多少年后才可相聚？就算再见，我们都将会经历多少改变？而谁又能改变各自做出的选择呢？下次再相遇，只能彼此相视一笑，只能默默感谢彼此留下的回忆，只能默默惋惜彼此的错过，只能挥挥手、故作轻松地说：“嗨，老朋友，好久不见。”

有时，命运只是让你们华丽地遇见，却没有给我们安排告别的剧目。

飞机的滑轮在机场平坦的道路上滚动，即将起飞。机窗外的景色，加速后退，越来越远。我关掉手机，拉上窗板。飞机笔直地冲向云层时，我也笔直地正视前方。

原谅我吧。我只是害怕回头。

爸爸手记

你对芝加哥大学的那份不舍，我们都能理解。你最终没有选择芝大，让我也有一种挥泪而别的感觉。这时候，我幻想着，如果有两个孩子，一个读哥大，一个读芝大，该多好！

如果不是你的原因，我不知道自己这辈子会不会来芝加哥城。它位于美国中部，东临密歇根湖。一到芝加哥，就能感受到带给我们的惊艳。它知道自己不是纽约不是洛杉矶，而是美国第三大城市，所以她有着不同于其他城市的风格。在密歇根大道上，一个又一个主题艺术公园，令你不会怀疑自己是在纽约还是北京。

我们眼中的芝加哥城，是现代和艺术的完美结合，独一无二。

芝加哥大学因为地处美国中部，不如东部大学有着地理上的优势，不是常春藤盟校，学校周围的治安令许多家长和学生担忧，但是，它的卓越让人有目共睹：学术性很强，是全美学术最强的三所大学之一，排名每一年都在提升，今年全美第四，同哥伦比亚大学并排。诺贝尔奖获得者人数全美最高，它的本科经济专业全美第一。

最令我们无法忘怀的是它的人情味。我想，每一个被芝大录取的学生家长都会体会到，来自芝大无微不至的关怀。在新生开放日那天，好几个诺贝尔奖获得者的教授为参观的学生和家长讲公开课！你妈妈在大厅的楼道上看见一个新生——一个西人女孩，穿着粉色的芝大T恤，围着深红色绣着芝大标志的围巾，背着芝大发给新生的背包，坐在古色古香的楼梯口在夕阳中看书。当时她就有取相机的冲动，我却实在不忍打扰到她的安宁，对你妈妈摆摆手。那样的画面太美了：夕阳中一个静静地看着书的芝大新生，芝大的一切，同她融为了一体。

申报时，我们小心翼翼、诚惶诚恐地担心着出现的一点点的失误而被拒之门外，那时候，在我们的眼中，这些大学多么的高傲和神秘。一旦拿到了录取通知书，学生和学校的身份马上就发生了逆转，学生掌握了主动权，最终到哪所学校上学，完全由学生决定。此时，学校用尽浑身解数：发热情洋溢的游说信、寄各种各样的小礼品、发介绍学校的宣传册，用各种小恩小惠来拉拢并打动学生及家长；邀请学生和家长到学校参观访问，学校招生办负责人、校长等领导亲自出面来欢迎演讲、用美酒佳肴来诱惑，真的是使出了浑身解数。

你收到了五封来自美国名校的通知书，有一个录取通知书来自美国西北大学本科著名的Medill新闻学院。它可与哥伦比亚大学的新闻学院相媲美。Medill新闻学院每年全球招生不到200名，是无数立志作传媒人心中的殿堂。当我们告知学校我们没有选中它时，西北大学发来这封来信，一直感动着我们全家：海念，在接下来的一年里，我们愿意一直为你保留这个学位，只要你愿意，随时欢迎你的到来！西北大学麦迪尔新闻学院。

手握几所大学的录取通知书，就如同皇帝的女儿，神情飞扬地握住了话语权，如果非要矫情地说左右为难，举棋不定，不知该如何选择，那么，这样的纠结也是甜蜜的纠结。

留学攻略

★选择适合你的美国大学

美国现在有6000多所高等教育机构。但要问那些潜在的外国留学生准备申请哪些学校，他们中的大多数通常会重复那十几个学校的名字，也就是常春藤学校。

确实，这些知名高校受学生欢迎的原因很多，今天的大学生们拥有无数的学习选择，但把申请局限在最有名和门槛最高的几所学校可能会不利于你的大学生活。美国大学教育的主要优势之一就是它为学生们提供了广泛的选择。很多学生都对名牌学校太过情有独钟，痴迷于学校的名气，这样可能会让你进入不适合自己或有违自己理想的学校。不要对深入的研究嗤之以鼻，这样会有助于选择最适合你的学校。

★什么是校园新生开放日

校园新生开放日也就是美国人口中的School open day，其实就是让对学校有兴趣的学生和家长亲自去学校参观，是除了面试之外，申请者能和学校接触的另一个机会。学校会向学生和家长展示学校的教学环境、师资力量等方面的情况，在开放日家长除了参观学校的教学环境外，还可通过与老师、校长交谈，了解其办学的宗旨、教学的风格、校园的环境等，从而家长和学生将会对该学校有比较清晰的认识。一般来说，各校的校园开放日的座谈活动一定会有下列两项：

1. 学校生活部分

这部分会由学校各年级的学生主讲，分享校园生活的情况，同时会让家长和学生发问。从这样的分享中，可以让家长和学生感受这所学校学生的气质和风度。

2. 学校课程部分

这部分是由学校的教务长或老师出席，介绍他们在学术领域的强项，同时家长也可以提出问题。

★参与新生开放日有何意义

我认为参加校园开放日可观察到的细节和面试不同，以下是整理出来的注意事项：

1. 观察在校学生的气质及表达能力：特别是像我们一样没有时间和机会在申报前去参观的家庭，是一次难得的机会。家长和孩子就可以借机和该校的学生谈话，从他们展现的气质和谈吐中更加了解学校。

2. 观察参与校园开放日的学生及家长：出席校园开放日能观察到别的学生及家长，从中可得知未来你的孩子将会和什么样的同学交往。和这些家长谈话的同时，我们可以了解到这所学校受欢迎的原因。从这当中，也很容易得知学校的强项，也能知道家长们对其他学校的评价。

3. 还有学校的环境、老师的态度、学生的住宿和伙食都是我们考察的范围。

★美国大学全额奖学金的真实面目

不得不提的是：美国常春藤盟校包括斯坦福、麻省理工等名校不提供奖学金，他们只提供助学金，录取的学生，如果家庭经济有困难，不能支持在校学习期间所需的费用，一般都可以在学校申请到部分或全部助学金。不过这些名校还是内外有别，提供助学金基本是针对美国本土的学生，国际学生申请助学金还是有难度。有时我们听到某某被哈佛全额奖学金录取，这都是瞎吹的，得到的是助学金的资助，这只是说明学生的家庭经济状况不好，并不表示他比其他录取的学生优秀。

有些优秀的私立学校如杜克、莱斯大学及加州系统的大学为了和上述名校争生源，有奖学金提供。有些名校如斯坦福、杜克等大学则设有运动员奖学金。

如果家庭经济条件可以，建议别申请助学金，一则把资源留给更需要的学生，二则申请助学金手续繁杂，耽误时间，再则，对国际生来说申请助学金可能降低录取的机会。

在芝加哥大学的开放日，我们认识了一对来自加州的美国华人夫妇和他们的女儿。他们告诉我说：南加州大学已经给了每年 3 万美元的助学金，而芝加哥大学到目前才答应每年 1 万美元，他们拿着南加州大学的助学金，正在同芝加哥大学讨价还价，希望增加到每年 2 万美元。如果芝大有这份诚意了，他们就让女儿毫不犹豫来芝大读书。

听了这家人的故事，我们在思考：这些名校的财力雄厚，招生办公室可以完全根据考生本人的情况录取，而不必顾虑这个学生家庭支付学费的能力，只要是他们要录取的学生，如果家庭财力不足，学校提供足够的助学金到学生毕业。许多家境贫困的优秀子弟因而受益。有钱人家的子女，家财万贯，如果愿意为学校提供大量的捐赠，孩子是可以破例的。这是用一个学生来养多名学生的办法。

但是，美国名校的财力主要来源于校友的捐赠。学校非常重视培养学生对母校的家族感，对学生的关照无微不至，经过这种长期的感化和洗脑，自然而然会对母校心存感激，一旦挣到钱，很多校友都会回报母校。捐赠是美国大学富可敌国的原因。所以在录取时，考查学生有没有可能成为未来的捐赠者，也就成为一个重要的考量。也许这正是常青藤学院历经数百年而保持“常青”的原因。

第九章　爱的正负

战友

咖啡厅里的一角，坐着我和一位阔别多年的老同学。

我们曾经小学同窗五年。毕业后，两人分道扬镳。他留在中国完成中学学业，我则去了国外。六年多不见，他变得又瘦又高。今天再次相聚畅谈，既激动又紧张，少不了先客套地寒暄几句。

咖啡厅里，两人的卡布奇诺还没有上，老同学已经从包里取出了一支笔和一个笔记本，一本正经地说道："海念，我在大学要体验全英文教学并准备出国留学。在你去哥大之前，想向你取取经。"

与老同学闲聊还要备上纸笔？如此认真的态度令我有些不知所措。

我说："昨天在微博上看见同学转发的高考喜讯——你上了学校的'光荣榜'。还记得吗，你当时是我们班出名的'小博士'，是大家的偶像。以前我们一起参加奥数培训，每次我有不懂的问题向你请教，你总能解决。后来我出了国，从网上各种报道得知，你是市里的'中考状元'呢。"

"博士"扶了扶鼻翼上的眼镜，谦虚地说："你这次从国外回来，学有所成，我既羡慕又佩服。你当时才是我们学校最耀眼的那个。什么表演、主持、学科竞赛、综合比赛，都是你代表学校出面，还老带回一堆奖项或媒体采访。现在每次回母校，老师和同学总是先提到你。"

“嗨，我怎么觉得他们总是先提到你呢。”

他淡淡一笑，低头望了下笔记本，翻过密密麻麻的两页：“好啦，我要正式开始向你请教啦。当初为什么选择出国？你是怎样提高英语的？需要阅读哪方面的书？阅读英文长篇小说和短文杂志各有什么利弊？中西文化有什么差异？怎样融入西方社会？美国大学注重什么样的品质……”

博士像一个有备而来的面试官，提的问题层层递进，一针见血。我好不容易才一一招架。

他边侧头倾听，边不时地在本子上快速做下记录。“你现在还是那么耀眼，耀眼到让人感觉有些不真实。”他停了停，“你有遇到过什么挫折或困难吗？”

“挫折？当然有。刚开始真的很后悔出了国。不瞒你说，有段时间压力太大，我都到了看心理医生的地步。”

他听了，也哈哈大笑：“我也不瞒你说，高考前我精神崩溃，得了抑郁症。”

正在喝咖啡的我斜头愣了一下，然后和他一起大笑起来：“看来虽然我们身在不同国度，却都是同一战壕里的战友嘛！咱俩不过半斤八两，五十步笑百步。同道中人，自然不用瞒着对方。说说你的故事来听听。”

我话音刚落，就被自己的语气吓了一跳。以前这些羞为人知的秘密，如今在老同学面前，竟成了一种供人调侃的笑料。

老同学也被我逗笑了。我却悄悄地捕捉到，他的笑容停顿了一下，眼神朝咖啡厅窗外游离了一秒。

“我上了省重点高中后，成绩一直名列前茅。爸爸妈妈老师朋友总在我耳边说，北大清华，北大清华。好像考不上北大清华就是一种严重失败。可是，高考很辛苦，很紧张。每天都是做题，做题，还是做题。

一次全国数学竞赛，我以为可以拿到一等奖，可以得到保送的机会，结果只得了个二等奖。那对我是当头一棒。接下来，省里的优秀学生没有评上，失去了高考加分的机会，又是当头一棒。我感觉自己要辜负别人对我的期望了，感觉北大清华成了一种泡影。

直到有一天，我听到同学在背地里说我的闲话。他们在暗地里向我投来一种令我毛骨悚然的眼神。就是那一天，我终于再也受不了学习和生活的压力。”

“那，你是不是朝同学发火了？”我问。

“我没有发火，没有当众发作，只是自己静静地坐在自己的位置上，可是，我感觉内心一股火焰在熊熊燃烧着，马上就要爆发。在希望渺茫的时候还被身边的朋友拒绝或抛弃，最令人痛不欲生。但，我不怪那些同学，只怪我自己总是不能做好，不论学习上或者社交上。”

“可是……你知道自己已经多么优秀了吗？”

咖啡厅的窗外一片漆黑。落地的玻璃窗上仿佛投下一条黑影，一条白日看不见的黑影，与他一样又瘦又高。那条影子是多么孤独寂寞。

“我去做了心理诊断，是抑郁症。”

我被还未咽下的半口咖啡呛住。抑郁症，没错，是抑郁症。我在高中学过心理学，知道这种疾病的严重性。

“医生命令我休学三个月。”他继续道。

“高考前你休学了三个月？那你还去参加了高考？”我惊讶地摇了摇头。之前一直听人讲述他的优秀，没想到还有这段不为人知的酸楚故事。

“是啊，休学在家，休息治疗。每天都要靠吃药来稳定情绪，定期找心理医生复诊。”

“那……你怎么能够复习高考？”

“每次吃药前，我感觉自己像是一个奄奄一息的病人。可是药性起效后，我就告诉自己我不是一个病人，我是一个学生，马上要面临高考的学生。不管北大清华还有没有可能，我只知道，我需要高考，我不能就这样放弃。趁着药物还在奏效，我就抓紧时间自学，读书，复习。

就在高考前的一小时，我又吃了颗药。可我还是想到了弃考，我放弃，我想逃路，想结束这痛苦的一切。我给心理医生打了个电话。半个小时过后，我最终硬着头皮进入了考场。”

“结果还考出了一个很不错的成绩……”我感叹。

落地窗外的那条黑影，顺着月光被拉得愈加修长。隐隐约约，我好似看见，那影子也同样倒映着自己的一举一动。

“知道吗，一次 AP 考试前，我跟你一样，也想到了弃考。”我开始回忆。

那天，考试时间正在逼近。我爸的车就停在考场门口，我手里握着准考证和复习资料。可是我不敢踏出车门，手紧紧地抓着车门扶手，却不敢将它开启。脑海当时一片空白，心里只有一连串的忧虑：我没有准备好怎么办？我考砸了怎么办？如果这次考砸，我拿不到国家 AP 学者奖怎么办？拿不到这个奖，我申报大学的竞争力大大减少怎么办？总之……我有种预感会考砸。考试五分钟后马上开始。一向温和的爸爸突然发了飙，骂着，推着我进入了考场的大门。

结果考完，我是第一个走出考场的，心里还哼着歌——题目竟然出乎意料的容易。我得了满分。

重温了一段段令自己都觉得可笑的历史，又听他讲述了他的类似经历，我抿了口咖啡，若有所思道：“其实有时并非我们做不到，而是对自己要求太高。这种过度的高要求很容易引起焦虑和恐惧，害怕达不到自己的要求。当这种焦虑积累到一定程度，我们索性就放弃，逃避。”

“那怎样避免这种焦虑？”

“享受过程吧。不要想那么多，做好当下，做好自己。把结果看淡一点。顺其自然。”

“可是高考决定了大学，大学决定了就业，就业决定了未来的生活质量，一步错，就步步错。你知道，这个一切都只有一次机会。”他说完，眼神迷茫地望着窗外摸不着边的夜。

此刻，我哑口无言。在加拿大的我，面对申报大学，无论多么负重致远，至少，我拥有不止一次的机会，无论是SAT的考核，或者其他。

“其实，你想过自杀吗?”我小心翼翼地问。我知道，抑郁症自杀风险很大。

他依然笑呵呵地，消瘦而憨厚的脸上充满了欢乐。他毫无保留地回答：“当然啦！而且经常的。每次我站在高处，就一个声音，不断地告诉我‘跳下去，跳下去，跳下去’。就是高考前，我站在家里的阳台，那个声音也不断在我耳边徘徊。嗨，‘跳下去，跳下去’。那声音就是这样的。”

咖啡厅外成排的椰子树被风吹得沙沙作响。树叶之间紧张地摩擦，发出一种令人惊悚的声音。我好像也听到了那个“跳下去，跳下去”。

“可是你现在看起来很好。”

“哎，抗抑郁药可像一把神奇的扫帚，一进肚子，就把那‘跳下去，跳下去’的声音扫走了。嘿嘿，我今天刚吃了药，已经将屋子清扫过一次了。”

听他正自言自语，我拉高我的衣袖，露出左肘手腕上的一道隐隐约约的伤痕。它像蜈蚣一样，盘在我的手腕上方，散发出一种幽灵般的气息。

“怎么，你也想过轻生?”

“哈哈，想过。那发生在一个早晨。”

那天早晨，是备考大学过程中一个普通的早晨。因为准备进程不如想象中的顺利，我和爸爸妈妈吵了架后，缩在书房的角落，哭了整整一个上午。别人的流言蜚语和外界的阻碍，也许我们可以承受。而当这些影响开始动摇我们对自我的认知，开始质疑自身的价值时，我们的心理防线便开始崩溃。如果此时，连自己最亲、最信任的人也开始怀疑我们能不能做到……

正是那一天，我需要参加一个重要的面试，一所常春藤大学的面试。那是一所我梦寐以求都想入读的学校。为了那次面试我已经准备了几天几夜。可是好像一瞬间，这所学校变成了一个一触即碎的泡沫，离我很远很远。那天早上，我对面试和生活都完全失去了希望。

赴约，还是毁约，这是一个值得思考的问题。就像莎士比亚在《哈姆雷特》里留下的那段经典独白："To be，or not to be...（生存，还是灭亡，这是一个值得思考的问题）"

我左手取下书架上的那本《哈姆雷特》，开始读起来："死了，睡了，什么都完了；要是在睡眠中，我们心灵的创痛和身体不能避及的打击都可以消失，那不正是我们求之不得的结局吗！……要是只要用一把小刀就可以了结自己的一生，谁愿意背负着这样的重担在烦劳生命的压迫下呻吟流汗？"

当时，当时我的右手里正好也握着一把小刀。那只手不停颤抖着。

然而，哈姆雷特的独白还未结束："是因为惧怕死后的未知，是惧怕那从不有旅人回来的天堂，是未知迷惑了我们的意志，使我们宁愿忍受目前的折磨，也不敢向我们所不知道的地方飞去！这使我们变成了懦夫，炽热光彩的决心被审慎的思维盖上了一层灰色，伟大的事业在这种顾虑之下，也逆流而退，失去了行动的意义。"

只有懦夫才逆流而退，只有愚人才将自己的价值掩盖黄沙之下。既然连面对死亡的勇气都有，我还没有勇气面对失败吗？还没有勇气面对未知吗？还没有勇气背水一战吗？

突然就在那一瞬间，一股莫名而强烈的意愿冲击着我，扶持着我从蜷缩的姿势站起，昂首挺胸，深度呼吸。我扔掉小刀，匆匆地收好自己的面试资料，换上正装，擦干眼泪，启程出发。

"一秒前还是在生死间徘徊的胆小鬼，一秒后就成了一位无所不惧、信心十足的勇士？"咖啡桌对面的老同学认真地听着我的故事。

"哈哈，不知道呢。也许我们在绝望至极的时候，就会孕育出一种巨大的能量，想要奋不顾身地孤注一掷。成也罢，败也罢，也就不后悔了。”

那次赴约面试，我果真没有后悔。

原本只是怀着抵触的情绪，想让面试官肯定我的能力，以证明早晨父母的批评是完全错误的。我就想找个人倾诉，找个机会证明自己。我列举出了自己的各种优秀，不断进行自我推销，不断对个人的成功经历进行复述和回忆。

然而，将自己过去所战胜的困难和取得的成就，大声地说出来，并向一位乐意倾听的人说出来，我才意识到，其实自己还是有一些优点，其实自己还是挺不容易的，其实我正在接近我想到达的方向，虽然远方的亮光偶尔会变得若隐若现。不知不觉地，我在潜移默化中开始肯定自己。

那位面试官，在潜意识里成为了我的心理医生。那场面试，在无意中给我提供了一次自我暗示的机会。

“我在心理课上学过，自我暗示有着不可思议的能量。它可以将积极的情绪和乐观的心态灌输到你的大脑里，以此抵制原本消极的心理。不管你所暗示的东西是真是假，是否可以实现，你的暗示都可以起到‘望梅止渴’的作用，在潜意识里刺激你的意念吧。”

老同学一边听着，一边在笔记本上写了什么。然后，他叹了口气：“看来我们真像是战友，经历如此相似。可是你战胜了你的心魔，我却还在挣扎中。”

我感到一阵惭愧：“我只是感谢我的那些经历。它们让我的内心变得更加强大。我懂得珍惜自己，相信自己。你比我更勇敢。我不需要承受‘一考定终生’的压力，不需要沉浸在枯燥单调的题海当中，不需要每天用药物来稳定自己的情绪，不需要每次站在高处就会被那句可怕的‘跳下去’所萦绕，不需要被同样的心理障碍折磨，不需要被意外的高考成绩打击。而你所要承受和克服的这些痛苦都不能全怪你自己。

你真的，真的很勇敢。”

咖啡厅的服务员不好意思打断我们的对话，不停地在桌前踌躇，朝我们做着手势，焦急地表明要下班了。

他将这些外界的干扰置之事外，搅动着手中残留的咖啡，恍惚地问：“那，我又能怪谁呢?”

杯子里的咖啡荡漾出一圈一圈的纹路。

我跟老同学讲起了我昨晚与另一个朋友的对话。

那位朋友也在国内念书，非常努力，而且品学兼优。他的目标是清华。为了准备播音主持这个专业，他夜以继日地参加培训，同时还不能落下文化课的学习。本是信心满满的他，在高考结果出来后，才发现自己只能去一所不知名的学校。一次的失误，与清华的距离拉远了十万八千里。跟我对话时，他表现出意外的超然和平静：“这次高考对我来说，是一次沉重的打击。不过，这次打击不会把我击垮的……”

我心里知道，他的平静背后澎湃着怎样的痛楚。

他只是万千失落的追梦人之一。他们都那样努力，那样优秀，本该得到应该得到的，却在追梦的路上，被一颗小小的石头绊倒。

我继续对老同学道：“我的那些落榜的朋友，有些关掉手机、断掉网络，音讯全无；有些表面上好似看破红尘般地说说笑笑，那笑容背后，却藏着苦涩和泪水。有些沉默地接受了最终录取自己的学校，有些决定复读一年重考，有些决定出国留学，甚至还有一些……人间蒸发。这是一种潮流，一种体制所带来的潮流。不能怪你。不过应该恭喜你，你成潮人啦。”

我们两个又是哈哈大笑。原本又来提醒我们咖啡厅要关门的服务员，被我们的这一笑弄得尴尬不堪，走到了隔壁桌子又打道回去。

老同学释然地笑笑：“本潮人对此是深有体会啊。”

“你的这段经历一定会让你更加勇敢坚强的。而且我知道，你会更加勇敢坚强的。好多伟人都得过抑郁症呢，呵呵。”

“未来的路还很长。吃一堑，长一智。我会勇敢地走下去。”

他将笔记本合起，那纸张拍合的声音铿锵有力。他的眼中闪过一种神秘而吸引人的光辉。当年那个学识渊博、阳光健康的“小博士”又在我眼前呈现。他只是多长了几厘米，多了分历练，多了分成熟，多了分对未来的乐观——因为那一段特殊的日子。

咖啡厅的其他客人早已散场，服务人员再次催着我们离开。夜幕已深，我们在楼梯道别。随着我们的移动，两人的影子变得越来越小，最后消失。就让我们那些痛苦的过去和萦绕的心魔同这影子一起消失吧。

他意味深长地说：“后会有期，希望有缘再会。”我突然有种预感，在未来某个地方，某个充满明亮和梦想的地方，我们会再次见面，再次并肩作战。

回家后，我辗转反侧不能入睡。心中尚存一些忧虑，给他发去一条短信：“如果我根据我们的对话改编成文章，你不会介意吧?”

他很快就回复了：“我们的谈话能成为你的素材，我很开心。期待你的作品。不知道你笔下的我，会是怎样的人物呢?”

爸爸手记

爱就是爱，有正负之分吗？毕业于剑桥大学医学系的儿科医师温尼科特把知识分成了正知识和负知识，正负并不是指知识本身的好坏，而是以知识对我们的作用而论的。正知识就是学习并用于自身成长的知识，而负知识则相反，我们没有把它用于自我的成长与完善。若按这种理念来区分爱的正负，那么正爱，就是纯粹的爱，是仁慈的爱、利人的爱、自由的爱、无条件的爱。而负爱，则是目的性的爱、功利性的爱、自私的爱、占有的爱。

既然爱有正负，就让我们来一起审视一下自己，对孩子、对父母、对朋友、对情侣爱人，是否在以爱的名义，对他们进行着爱的掠夺？我们的爱中是否在用另一种方式对他们说：我爱你，所以你要听我的；我爱你，所以你要加倍回报我；我爱你，所以你不能离开我；我爱你，所以你不能更爱别人；我爱你，所以你要变成我所期望的样子！这些言语并非出自我们之口，但是却一直是我们“爱”的潜台词，这种负面的爱，久而久之就成为萦绕在他们心头的魔音，让他们一生受其所累。

纪伯伦说的“爱不占有也不被占有，因为爱在爱中满足了”。

那天早晨，你躲在书房里哭泣，不是因为进程不顺利，也不是因为我们在怀疑你的能力。无论此刻我们说什么，都会让迷惘的你更加矛盾。

我们知道：你遇见了的另一个自己，一个过去的自己，你需要在反思中挣扎和蜕变。我们眼巴巴地看着你，却帮不上你；在门外听着你的抽泣声，我们无能为力，这样的蜕变要靠你自己的力量。追求完美的代价是内心斗争的成长过程。我们感觉在申报的过程中，能拿到多少分，能写多好的文章，表格填得多完美，能上什么大学都不重要了，重要的是你能不能战胜另外一个自己，那个消极的你，那个恐惧的你，那个愚蠢的你，那个不自信的你。

看见你打开书房的门，再次出发，我们悄悄地吐了一口长气。我很庆幸，你学会在困难的时刻，自我暗示，用积极的情绪和乐观的心态，来抵制消极的心理。你手上的伤疤是爸爸心头的痛，如果你的成长一定要付出痛苦的代价，那么，那伤疤刻在你手上，烙在了我们心上。

同样的爱

“你照片里这个男的是谁？你俩动作怎么这么亲密啊……他怎么长得这么妖艳啊！”我在哥大的好朋友眯着眼睛，朝我投来诡秘的目光。

唉，总遇到这样的情况。

“我常常在校园里看见你和各种各样的帅气男生并肩同行。到底怎么回事？快给我如实招来。”朋友握紧了拳头，眼神变得犀利。

我叹了口气：“你仔细看看，不觉得他和普通的男生不一样吗？”

朋友瞪大了眼睛。她那对已经很大的眼睛此刻仿佛要掉出眼眶了。“我看仔细啦。他是不一样啊，比别人都好看。要不，介绍给我认识认识？”她托着下巴，顿时变成满目柔情。

原本还在沉思的我，被她逗乐了：“你打他的主意？没——门。”

朋友哈哈大笑，然后突然严肃起来：“所以，他到底怎么不一样了？”

这是段很长的故事了。

认识他，K，是开学第一天的事。热情好客的好朋友 C 把我们拉到一起吃饭。C 告诉我，K 是韩国人。我暗暗大喜——喂，哪个女孩不想认识好看的韩国男生呢。

吃饭时，大家都聊得十分投机，仿佛多年不见的老友。

K 的故事，如同一部奇遇记。由于父亲做国际贸易，在短短十八年里，他已经随父母在多个国家生活、上学，如蒙古、越南、刚果、韩国、美国等。他曾在蒙古得过疟疾，挣扎在死亡边缘，休学一年。他曾在十年级就被南加州大学的天才班录取，但他没有去。后来又被多所美国常春藤学校录取，最后选择了哥伦比亚。他曾是高中学生会主席，有很多女生仰慕者，包括某国国家领导的女儿。

饭后，K 对我说：“你知道了吗？C 跟你说了吗？”我一脸茫然：“知道什么？说了什么？”

他笑了笑。把手一抬，搭到椅子上，身上散发出一股我喜欢的纪梵希古龙香水的味道。

“就是，我是同性恋的事。”

我只听见心脏“扑通扑通”地上下乱窜了一回。

从小到大，我还是第一次如此近距离地接触一个公开承认自己是同性恋的人。我再次打量了他一次，这次，不仅是仰慕地，更是悄悄地、好奇地，心想：原来，同性恋就是这样的吗？

我想起了入学前，学校把我们新生分成不同小组，对每组都进行了一轮“校园多元文化”的培训，意在让学生接受、了解与包容校园的多元文化。每个人都要在不同的纸条上匿名写下自己的家庭背景、经济状况、教育信息、年龄、国籍、族裔、性取向、性格爱好等，然后将纸条都贴到分好类的黑板上。最后，每个同学都在教室走一圈，看看每个黑板上都贴了什么。在“性取向”的黑板上，我发现了将近十张的“同性恋”，还有零零星星的三两个“双性恋”，就是对同性和异性都会产生性吸引力的人。我当时数了下，屋里总共就七十人。

我和好朋友C在私底下讨论，究竟哪十个是同性恋？究竟哪两个是双性恋？原来“我们”当中还有这么多的“他们”？

就在同一天晚上，我和C一起参加新生的派对。偌大的舞厅人满为患，灯光忽隐忽现。里面跳舞的同学，忽然开始窃窃私语，我顺着众人的目光望去，原来四个男人连成一排在一起跳舞。片刻之后，两两旁若无人地，在大庭广众之下接吻。

我呆住了。没有说话。

当时有多愚昧，思想有多狭隘。我在写这段文字时，为当时的自己感到无地自容。当时的我可不曾想到，他们虽然有着不一样的性取向，却有着同样的爱恨情仇。

K说：“中学的时候，我还怀疑自己是不是同性恋。我尝试着和班里的女生，可是没有一次有触电的感觉。我不明白自己怎么了，怎么会这样。我很容易和女生成为好朋友，可是对她们没有一丝的性吸引。后来，我发现，看电影时，我常常会朝着好看的男演员瞪好久。在浴室里，面对帅气的男性同学，我只能拼命抑制住自己的胡乱幻想。于是，我确定自己是同性恋。我一面欣喜，终于认识到自己的性取向；一面惶然，因为，我不知道，不知道如何面对这个性取向。社会能接受吗？父母能接受吗?”

他抬头，仰着脸，不再说话。

伤心的时候，我也那样，静静地仰着脸，让眼泪收回。

那一刻，我抹掉了心中对同性恋者的好奇，抹掉了那种对“我们”和“他们”的界限。那一刻，我真想上前给他一个结实的、亲人般的拥抱。

我只感到眼眶一点湿润，也抬起头，仰着脸。

K 用他的善良、无畏、勇敢、爱着周围的人，也征服了大家观念。

这一天，我们坐在广场的阶梯上。夜色凉如水，夜空上星光点点，微风习习。我们这个小组织又有新成员加入。一个同样为同性恋者的 L，另一个是自称为双性恋的 S。

他们说到父母。K 说：“是的，我不敢跟爸爸妈妈说。他们是保守的亚洲人，传统观念很强，而且还是基督教徒。以前，我们一起在新闻报纸上看到关于同性恋的报道，爸爸妈妈总对此嗤之以鼻。我妈妈甚至说过……”

他停了一下，又仰起头。

他的苦涩，被夜色淹没，我看不清楚。

我轻轻地拍了下他的肩膀。

“我妈妈说，说，为什么那些同性恋者不下地狱……”

我搂住他的肩膀。

“你哭了吗?”

“没哭。哭的日子，我早已经历过去了。”他吸了一下鼻子。

我不像平时一般叽叽喳喳，只是静静等待。

“所以，我不敢跟爸爸妈妈说。中学的时候，只有两个最好的朋友知道我真实的性取向。有一次，我在电脑上看同性恋者的照片，结果我妈不知什么时候进了我的房间。她戒备地看着我。我只是吓得赶紧把电脑盖合上。我妈丢下一句，幸好我的儿子不是同性恋，不然我会和他断绝关系。在她迟疑的目光中，我让我的 fag hag（英文俚语，男性同性恋者最好的女性朋友的意思）充当我的女朋友，我妈才一颗石头落了底。”

“所以，你爸妈到现在还不知道？”

“当然不知道，我只能藏着。不然，他们会和我断绝关系的。”

我们一行人安静下来。没有说一句话。

半晌后，L 打破了这种寂静：“我妈总说，她毕生最幸福的事情，是要我以后找个漂亮的老婆，给他生个白白胖胖的孙子。呵，从小到大，我在学校找不到快乐，我妈就是我最好的朋友。我从小就知道我对女生不感兴趣，可是在中学，有一天，我才正式明白，原来自己是同性恋。那一天起，我和妈妈之间突然像筑起了一道墙。我们本来应该那么亲近，可是，她连我最重要的一个特质——我的性取向，都不了解。即便了解了，她也不会接受。

我总会有意无意地给爸妈灌输有关同性恋者的信息和知识。一次，我跟他们讲一对同性恋人的故事，我清清楚楚地记得他们说‘这样的人也有’。我们家也是基督教徒，每周都去教堂。圣经里说，男人与男人发生关系，是一种罪恶，是要被处死的。”

我坐在 L 的旁边，感觉到他打了个冷战。

“其实我自己也是基督教徒，可是我还没想好该怎么办、该怎么理解圣经、该怎么对待自己。别说我害怕，没有想过和爸爸妈妈敞开心扉地谈。我只是不知道怎样向爸爸妈妈开口，我不知道怎么解释这种很大程度上由基因决定的、与生俱来的现象。我曾在纸上列举过无数我可以开口的方法，还有这些方法的后果。可是，我想他们无论如何都不会接受的，都是我不好，不能帮妈妈实现最令她幸福的事情，可是，这能怪我吗？能怪我吗？”

L 有些激动，声音的分贝越来越高。阶梯上来来往往的同学偶尔朝我们望过来。

L 和 K 在各自截然不同的生命轨迹上找到了一个彼此的共同特性：在家里，他们要故意压低声音，让自己听起来更加男性化；他们看电视时不敢多望帅气的男影星几眼，怕爸妈怀疑；只有在学校，在哥大，在这所位于相对开放的美国东部的学校，他们才能用自己正常的音调讲话，才能稍微正大光明地显露出自己的“爱好”。

然而，在美国，在这个所谓民主、开放和包容的国度，同性恋也一直是极为敏感的话题，政客们只能对它采取保守态度。报纸上说，在美国，支持同性恋的民众只有 50%；50 个州中，只有 8 个州正式承认同性恋婚姻，包括纽约州、华盛顿、新罕布什尔州等，而 3/4 的州都禁止同性恋婚姻。

而 S，作为一个双性恋，以前有过女朋友，现在正在和一个男生交往。他说：“我现在的恋爱关系完全是保密的，当然，除了对你们。我的父母和其他朋友只知道我喜欢女生和有过女朋友的那一面。有时，也许双性恋的生活还会简单一点吧，至少你只需要隐藏你原有的一面，而不是虚假地创造出你没有的另一面。”他酸苦、自嘲地笑笑。

我望着对面灯火辉煌的图书馆，那些在图书馆的草坪前说说笑笑的学生，还有三两对牵手散步的情侣。

同是人，同在世界顶级学府上学，同怀着希望和理想，同渴望真情和幸福，为什么他们就要面对更多的痛苦和社会的异议？本来，作为一个人，一个在竞争激烈的常春藤学校上学的人，一个要朝希望和梦想奋斗的人，一个要追求真情和幸福的人，已经需要面对无数困难和荆棘，为什么他们的路还要更加漫长、更加坎坷？他们做错了什么，要受到这样的惩罚？

春假期间，我见到了 K 和他的爸爸妈妈。多时不见，我和 K 一见到对方就相互拥抱。K 悄悄地在我耳根说：“别忘了，替我在父母面前保密。”

我朝右一瞟，看到站在一旁的 K 妈妈。她直直地望着我们，眼睛发光。她热情地上前抓着我的手，上下打量我一轮又一轮旁敲侧击地说："我家的K啊，这个假期都在说你呢。"

而K在后面朝我眨了下眼睛。

放假回校，我一人提着好多行李。而L和几个朋友已经在校门口迎接我，等着帮我把行李提回宿舍。

我和另外几个闺密由于生日时间接近，就决定一起开个生日Party。我们定了印着我名字的蛋糕，买了饮料，在一个大厅里放上音乐，穿上漂亮的裙子，邀请了各自的朋友。近百人到场为我祝福。那天，我还专门和K、L、S还有我们的其他共同好友一起吃了顿生日庆祝餐。

晚上，我想：今年的生日过够了，终于可以休息一番了。

12点快到了，K突然来电，说："还在写功课是吧？快下楼到我的房间里来，休息一下，Take a study break。"

我像往常一样坐宿舍电梯下楼，想着他冰箱里好吃的零食，感觉有点饿了。走到K的房门前，轻轻敲了两下。里面好像不同往常般安静。K嚷嚷了一声："怎么今天这么利索？等一下！"

搞什么名堂嘛，鬼鬼祟祟的。

我哼哼了两句，无奈地只好继续等下去。

突然，门开了。里面一片漆黑，只有一根蜡烛，在一块蛋糕上徐徐亮起。一群人在里面唱起了生日歌。

接着，每个人都把他们各自精心准备的礼物放在床上，等我拆开。

K把我的整个惊讶的过程都用手机录了下来。他播放这段视频时，点评说我的表情和笑声非常"怪异"。

其实，我当时虽然笑着，却也哭着。好在昏暗的灯光没有显示出我的泪水，不过却造就了如此"怪异"的表情和令人大跌眼镜的视频。

我的"光辉形象"就这样被你毁了，我愤怒地瞪着K。

K在学校的一间实验室工作。这是个炙手可热的工作机会，他却争取到了。

L 活跃于许多社团。许多女生为了和他套近乎，来讨好我……

S 则常常翘课，可是他的成绩总是那么优异。

他们喜欢打听我的情史，每次聆听的时候，总是托着腮、一动不动地看着我。我只好如实交代，哪位男生邀我吃饭了，哪位男生发短信了，哪位男生请我看电影了，还有哪位男生总是毫无预示地在半夜敲门——弄得我惊魂魄散、不敢出声、假装自己不在房间。每次我讲故事，他们仿佛比我自己还有兴致，不停地问这问那，又不停地说我应该这样做、不该那样做。当事人好像成了他们，不是我。

“下次，那个男生再敲门，你就用电脑放个鬼的声音，他就不敢再来了。哈哈，或者，我们换下房间，我这个替身到你那里去帮你应付。”

他们几个骄傲地鼓掌，为自己的“妙招”叫好。

我突然想到学习 SAT 时学到的一个单词：Vocarious – Experienced in the imagination through the feelings or actions of another person（间接体验另一个人的经历和感受）。

我说：“好好，以后我有 boy problems 你就帮我应付！不过，我们可别喜欢上同一个男生了！”

然后，又是一阵狂笑。

说笑一阵子后，他们渐渐安静下来。

“你很幸运，我们为你感到高兴。真希望我们也可以在身边有那么多的男生，可是我们的选择范围好小，真的好小。本来同性恋者就少，两情相悦也少，坦然面对自己是同性恋、主动寻觅其他同性恋者、并幸运地遇见另一半的更少，坦然、勇敢、两情相悦而且又能冲破社会阻碍和偏见在一起的同性恋者更是少上加少。你说，我们有希望吗？我们有可能遇见那个‘他’吗？就算遇见，我们在一起，能被社会接受，父母认同吗？”

他们在问我，可是眼睛却望着窗外的暮色。

我一时哽住了。同样的爱，为什么对于他们，却如此遥远。同样的爱，为什么上帝只给了一些人，没给另一些。

书桌上的电脑里，放着R&B乐队Macklemore & Ryan Lewis的那首“Same Love”（同样的爱）。这首歌是同性婚姻支持者的主题曲，写于2012年11月，美国华盛顿州的选民为公投74（Referendum 74，一个令同性婚姻合法的议题）表态。

歌词萦绕整个屋顶：“I don't know, and I can't change, even if I tried, even if I wanted to... It's human rights for everybody, there is no difference. Live on and be yourself...（我不懂，我也不能改变，尽管我尝试过，我也想过正常人的生活，这是每个人的权利，在这点上没有差异。勇敢生活，做你自己……）”

我说：“勇敢生活，做你自己。只要心中尚存一线希望，总会有可能的。”

“只要心中尚存一线希望，”他们喃喃道。

后　续

2013年6月26日，也就是在我写完这篇文章的两天后，美国反同性恋婚姻的《联邦婚姻保护法》被判违宪。这项美国联邦法律在1996年开始实行，将婚姻定义为一男一女的结合，禁止各州承认的同性婚姻夫妇享有异性夫妻可以享有的各种福利。然而，美国最高法院对于这条法案的裁决，意味着美国的同性恋者终于获得了婚姻合法化的理论依据。就在同一周的周日，美国的大城市都举办了一年一度的同性恋大游行。

那一天，L、K、S，还有其他无数的朋友，不论他们自己是异性恋还是同性恋，都像重生一般，身上穿着象征同性恋的彩虹衣，手上挥动着彩旗，脸上涂着颜料。他们在街道上欢呼着，雀跃着，自由地奔跑着，为这历史的一刻游行呐喊。那天，K给我发来一张他参加游行的照片。他身后彩旗飞舞，人山人海。他的笑容，那么的灿烂，灿烂得就要从照片中溢出来了，灿烂得把那些彩旗都比下去了。照片上，他留下一行字：虽然前面的路还是那么漫长，我终于看到了一丝希望的曙光。

爸爸手记

由于爸爸生活的年代所限，国内大环境对同性恋的社会曝光度和认同度也没有国外那么宽松，看了你的文章后，爸爸“恶补”了一下这方面的知识。

同性恋是一种从古至今都一直存在的现象，黑格尔说过：存在即合理。同性恋作为一种复杂的社会现象，许多人并不了解这个隐秘的世界，从而导致了对同性恋和性取向问题的误解乃至憎恶。其实关于性取向的问题也很容易理解的，举个简单的例子，若世界上只有苹果和橘子这两种水果，那么必定有人只爱吃橘子，又有人只爱吃苹果，更有人两个都爱吃，我们实不该质问同性恋者的性取向，正如我们从不以异样的眼光看待左撇子一样。他们是一群值得认同的人，只不过他们有那么些许特别，如同暗夜里的“日光”。

残酷的现实是，他们虽然都能接受自己同性恋的事实，但是却不能成功出柜，得不到家人和周围朋友的认同。有的人为此葬送了一生。我想说：幸福，是靠自己争取的，你想拥有的一切东西，都不是天上掉下来的，更不是别人的施舍，而是靠自己的努力得到的，假如连你自己都可以不要自己的幸福，那么，谁还能给你幸福呢？

每个人都有追逐真爱的权利，即使是父母也没有权利去剥夺。相信不论你是生活在封闭的部落，还是开放的国度，天下所有的父母都一样，刚开始根本不可能会接受这种事情发生在自己孩子身上，当父母在得知孩子是同性恋后，经常会有震惊、抵触和愤怒的反应，变化来得突然，情感来得猛烈，好似经历着一场暴风骤雨。“他/她怎么会做出这种事情?”这样的疑问也许会萦绕在您的心头。但是，当您仔细思索自己的种种感受时，您也许会发现孩子只是做了一件对您表示信任的事情，而您在知道真相后，您与孩子的关系将会得到进一步的发展。

一位心理学家曾经这样说过：“绝大多数人一旦适应了孩子的真实性倾向，就会感到眼前出现了一个全新的世界。首先，他们熟悉了孩子生活的另一面，而这是他们曾经被蒙在鼓里的。他们现在进入了孩子的生活，通常来讲，他们与孩子的关系更密切了。其次，他们开始认识整个同性恋人群，然后了解到这些人与其他人并无不同。”

虽然社会大环境对同性恋人群的理解与宽容正在向着好的方向发展，但是目前的实际情况还不容乐观。阴雨过后，留下来的也许会是一片汪洋，但是此时此刻的您千万不要望洋兴叹，而是应该与子女一起同舟共济，鼓起勇气来面对社会，充满信心去迎接未来。因为爱是为了爱而存在。

在加拿大华人网站上有一篇《儿要断背，娘要断肠》的文章，目前是网站上的热门话题。

文章说：“我在自己朋友圈里做了个调查，如果你的孩子是同性恋，你会接受吗？少数父母强硬回答一定不接受，多数父母回答是主观不能接受，但为了不想失去孩子客观上默许。还有些朋友多加一句：希望/还好没有发生在我家里，这种庆幸心理就是不赞同。诚然，与骨肉发生正面的违反我们这辈人伦理道德的冲突，是我们最不想经历的。”

文章结束语说道：“很多事情在我们眼皮底下已经发生了，比如教育局修改性教育内容，还有各种名人不失时机地表白，社交媒体趁机推波助澜，说不定哪天你的孩子就被要求表态，被孤立，被同化洗脑，被迫违心地求全，不同志反而不正常了。到底是我不明白，还是这是世界变化快?”

给爸爸妈妈的一封信

爸爸妈妈：

期末考试已经结束了，宿舍里的东西刚刚清理好了。大包小包的共有十来个，都堆在宿舍门口，等着搬家公司来领取、存放。

大一，就这样结束了。

因为学校不允许学生暑期留住在宿舍，我们必须将所有私人东西全部搬走。爸爸妈妈，现在我的房间空荡荡的，我只感觉心里好像也因此少了些什么。这小小的房间，储藏着多少与舍友的欢声笑语，多少为写功课的彻夜未眠，多少与知己的促膝长谈，多少充满火花的哲学讨论。

宿舍窗外的风景依旧。圆穹顶的欧式图书馆还是那样庄严安静地俯视广场。广场前的草坪还是那么绿，和去年一模一样的绿。

我从宿舍窗台照下的校园

爸爸妈妈，还记得吗，去年的夏天，你们帮我把大包小包的行李从温哥华大老远托运到纽约。好不容易爬上十二层楼，原本气喘吁吁的我们仨，刚踏进我的新房间，全被房间窗外的景色和那一片绿意怔住。爸爸那时说：“虽然爬楼有点累，不过看来住在十二楼还是有好处的。无限风光在高处啊。”

可不是吗，现在回想起来，爸爸那句话准确无误地概括了我在哥大的大一生活——虽然累了点，但是一路上，风光无限好。

爸爸妈妈，刚步入大学那阵子，你们最担心我能否习惯学校的生活。

从小到大，我哪里住过校啊。虽然我的房间是单人间，但是毕竟宿舍是集体宿舍。二十几人一起用一个公共厕所：下水道总是被头发堵住，手纸总被一下用完，马桶总是不干净。于是舍友们便以民主方式出台了“宿舍约法十三章”，由全体签字同意。

宿舍的电梯在校园是出了名的“坏孩子”——它总是坏，而且一坏就是一两个月。最后有同学实在捺不住了，便下了“通缉令”，将电梯上贴的维修通知用红笔黑字打了个大叉，同时在旁边贴上一篇文采飞扬、充满诙谐的讽刺文章，批判学校有关部门的拖拉。从此，因电梯而愤愤不平的我们一见到此文都转怒为乐，忘记了电梯不能运作造成的不便与烦恼。

学校饭堂比那电梯更出名，还上过《时代周刊》《纽约时代》等各大报纸呢。我们大一新生必须购买学校的套餐计划。饭堂是自助餐形式，虽然看似品种繁多，但是真正能吃的寥寥无几。比如，色拉区日复一日都是一样的蔬菜，有点花样的就是藏在菜底下的苍蝇。再比如，那米饭基本咬不动，但是油腻的鸡翅、汉堡和全是糖和色素的点心却是厨师们的拿手好菜。

妈，我可想念你做的回锅肉和你煲的老火汤了。偶尔，饭堂庆祝节日，供应三文鱼、龙虾等海鲜，异常丰盛。而这偏偏是我什么都吃不到的时候——因为饭堂前排队的同学估计比饭堂里的龙虾还多，我这只小龙虾早被大龙虾们挤到三千里之外了。话说回来，不管大龙虾还是小龙虾，“偷”饭堂的东西可是天下一绝。饭堂说是不允许学生带食物出去，可是“自主创新”的哥大同学们谁管得着那些条条框框呢。我们的校友奥巴马不就常说要“改变”，另一个校友李开复也致力于“创新工厂”嘛。于是，咖啡杯、茶壶、书包，全部是同学们的“盗窃”工具。蜂蜜在咖啡杯里放点，牛奶在茶壶里倒点，香蕉、苹果在腋下夹几个，就连碗筷什么的也可以悄悄用书包“走私”。

2013 年的春天，饭堂可能是可怜我们学生没东西吃，开始供应 Nutella（能多益），一种比海鲜还要美味、更受欢迎的抹面包的榛子酱。这下惨了，哥大的大龙虾、小龙虾们都一一弃荤投素了，海鲜什么的也不管了，全部投奔这个能多益榛子酱。每次学生来饭堂，都像饿晕了一般疯狂地走私榛子酱，学校完全供不应求。于是，校报高兴了，有料报了。这下饭堂有关人员无奈了，抱怨道每天饭堂要供应 100 磅的榛子酱，一周需要多花费 5000 美元。于是，纽约各大媒体好奇了，标题为“哥大学生特爱榛子酱”的报道接踵而至。于是，充满思辨精神的学生组织又重操旧业了，由“能多益事件”开始调查、研究、评论其他各种校园现象。于是，哥大学生又上头条了……

爸爸妈妈，如果这一年下来，你们还问我习不习惯大学生活，我还是会说：不习惯，不习惯。每天都是“创新”，每天都有新闻，每天都会成为一个有趣的故事，每天平凡的生活都会衍生成一种同学们对政治或社会现象的讨论。这种令人“不习惯”的生活每天藏着惊喜。

爸爸妈妈，还记得吗，开学一段时间后，你们询问我的学业，好奇功课紧不紧张、难度大不大。你们说，美国压力最大学校排名中，哥伦比亚大学名列第一，这里高手云集，担心我会不会压力过大 。你们又说，听说哥大还保留着全美最严格的核心教程，对学生学术要求苛刻，担心我吃不吃得消。

你们说的没错，我们的“核心课程”是很严格。在 Columbia College（哥大文理学院），所有本科生都需要完成学校独立设置的课程，包括古典文学、当代文明、全球文化、写作、艺术、音乐、科学、体育和一门外语。文学课要求每周要读完一本书。课上，教授带着我们遨游欧洲文学、探究人类进程，从古希腊诗人荷马的史诗，到柏拉图的哲学，到莎士比亚的话剧，再到伍尔芙的意识流。

科学课呢，则是一个奇葩。整个课程分四个单元：大脑，物理，生物，地学。每个单元都由一位在此领域卓有成就的学者教学。物理课开始时，庞大的课室里放着流行歌曲，灯光全部关闭，弥漫着一股诡秘的气息。突然，一黑影走上舞台，灯光微微亮起，大屏幕上开始播放 9·11 事件的视频然后惊现骷髅头。此刻，黑影开始脱衣。我和同学被这无厘头弄得百思不得其解，却又忍不住伸着个脑袋使劲儿望。黑影脱掉外套和长裤之后，拿起话筒说道：“我是修思教授。要学好量子力学，你就必须脱下外衣，卸下脑内的杂质，以最原始的方式重新开始……”爸妈，你也觉得这很好玩很无厘头吧，美国的报社也这样觉得。比如，《时代周刊》就极其夸张地将此事件报道为“哥大教授当众脱衣”。那日过后，每次科学课，门外的保安恐怕比学生还多。以前常常翘课的学生，也抱着颗好奇心“慕名而来”。于是，哥大学生因为榛子酱出名了，哥大教授也因“脱衣舞”而出名……不过修思教授的课确是精彩、引人深思。他不断督促我们：“学习量子力学、学习核物理，为了什么？你们这一代的任务，就是学会如何保证世界和平、将核武器降低到零存在。”

除了核心课程的必修课，我还选修了国际关系、宏观经济、微积分等。我的国际关系教授 Robert Jervis 是著名的国际研究学者。有一次他谈到领袖个人能力、性格、教育与国家发展之间的关系。他说：“领导人的个人差异影响国家的外交政策。举个例子吧，布什在耶鲁没有受到良好的教育，把国家搞成那样。而奥巴马则曾在哥大读书。”老教授的冷幽默把我们逗得哈哈大笑（对了，爸爸妈妈，我跟你们说过吧，我们常常拿其他常春藤学校开涮）。

国际关系课的期中考试是写一篇论文，并由助教改卷。论文发下之后，我找助教讨论，想知道怎样让我的文章更好。助教说："我们课上两百来人，只有三个人拿了最高分 A。你是其中之一。"助教的话让我想起那些在图书馆挑灯写文的夜晚。偌大的阅读室里只有我和零零散散的三两个同学在嘀嘀嗒嗒地敲打键盘。原来压力越大，动力就越大。压力大时越是痛苦，越能感受到苦尽甘来的幸福。

爸爸妈妈，还记得吗，每次打电话或者视频，除了生活和学业，你们总想了解：在学校还参加什么其他课外活动？爸妈不在身边，有没有在学校找到家的感觉？有哪些朋友？其中有没有知心的好朋友？

爸妈，你们可别生气，我有想你们，但不想"家"（当然，除了我的胃想家）。有一天，我和同学在学校外面玩。天黑了，我们异口同声地说了："回家吧。"话音落地，我们才发现，原来"学校"在我们心中已经演变成了另一个"家"。

我的好朋友们常常抱怨说，我的课外活动太多，都没空和他们一起玩——一会又要去开会了，一会又要去组织节目了，一会又要去参加模拟联合国了，一会又有比赛了，一会又有舞蹈或琵琶的排练了。有一次，我的一个好朋友介绍我与另一朋友认识。新朋友在同我握手时突然恍然大悟地说："你是 Helena 对吧？你参加过国际关系协会的竞选是吧？我当时在台下。"我的朋友既郁闷又自豪地答道："她好像什么竞选和活动都参加，以前任过国际关系协会的商业拓展负责人，现在是中国法商协会的商业部部长、一家时装俱乐部的财务主管、哥大女性商会营销部成员、在一个舞蹈社团跳舞，还自创了个琵琶二人组常在校园演出。"朋友在那滔滔不绝地说着，仿佛要炫耀什么。他说的没错，可我却望着那位新朋友，心里无奈地想着："唉，这位新朋友所提到的那次竞选，是我一个惨痛的失败经历。"没错，我现在好像"头衔"有几个，好像看起来有点光鲜，可那只是因为我是个“常败将军”。爸妈，我不常跟你们说，我是“屡战屡败”，但更“屡败屡战”。你们说，失败了那么多次，总有一次会不小心成功吧——不过，我的朋友们看到的只是成功的那一部分。

我和我创办的“哥大韵乐坊”在排练、演出

我的很多朋友是通过这些课外活动、同样专业或兴趣爱好认识的。由于我打算学习政治经济双专业，这些朋友间，不少高年级的学长学姐们已经开始在华尔街的各大投行开始工作。除了一起组织活动、参加竞赛，我们也会“攀比”——我指的是相互进步。吃饭、开会、有事没事我们总会聊起谁谁又被哪家公司录取了、自己假期又要去哪里实习了。新闻报道说“拼爹妈比成绩”什么的，而我的同学们则是“拼人脉比工作”了。不过我觉得这是一种良性竞争。虽然同时是竞争对手，朋友还是好朋友。我的一个好朋友告诉我，他这个暑假要上暑期课程、在实验室做研究还要同时兼职一份带薪工作。还有朋友，要去欧洲学习，期间抽空在一家电视台工作。我听朋友说着，一点不嫉妒，反而无比佩服，让我斗志百倍。我也不甘落后，这个假期，除了在完成这本书的同时，还在不同领域找了三份实习工作，趁着大一年轻，想尝试下各种职业，看看哪个更让自己感兴趣。同时我还被选为“新生培训领袖”，在开学前要帮助下一届新入学的学弟学妹们融入新生活。我的朋友总说我是不是疯了，可是我说，在一堆疯子中我才不显疯。

在联合国参加会议

代表哥大在麻省理工大学参加金融竞赛

有些朋友，我们常在一起玩耍：周末了，换上漂亮的裙子去学校里的不同宿舍参加各种派对；有重要活动了，去中央公园边的高级公寓里参加聚会；节假日到了，去第五大道和梅西百货购物；圣诞节到了，去布莱恩公园滑旱冰、洛克菲勒中心瞻仰纽约最大的圣诞树；纽约时尚周到了，去纽约市中心与模特、明星、设计师们一起庆祝这个时尚盛会。我们一起笑着、闹着、拍着照片、睁大着眼，体验着纽约这个从不会疲倦枯燥的不夜城。

和朋友参加晚会

和朋友聚会

有些朋友，我们是一起在图书馆里消遣的好伙伴。有时论文要交稿或者在期末考试复习阶段，我们派对、欢聚的战场，从宿舍和公寓移至了图书馆。有时图书馆里位置紧张，我们就得一大早就赶去，大包小包地把自己一整天的生活用品和学习用具都提过去。找到最喜欢的位置，把东西往桌上、椅上一搁，头一扬，仿佛骄傲地宣称：在我地盘这你就得听我的。除了一日三餐稍稍离开图书馆一会儿，几乎一整天的光阴都耗在这了。有的同学比较夸张，什么牙刷、枕头、被子，连洗澡液带来的都有（我恨自己太过矜持，没问他们图书馆哪有浴室洗澡）。我们常在图书馆里苦中作乐。有时学习累了，我和好朋友就在庞大的图书馆里闲逛，见到熟人就在他们专心学习之时以狗仔队的姿态悄悄地照张相，然后将相片传于网上。当事人在学习之余查看网络，看到自己的窘照，只能哭笑不得（我的做法好像有点恶劣）。

还有些朋友，我们常常一起谈天说地、讨论人生。有一天，我在图书馆的咖啡馆待到很晚。一个朋友碰巧也进咖啡馆学习。我们常常在一起讨论文学、哲学，于是这一次，又无不例外地讨论起了人生：学习这

么辛苦，为了什么？人生的意义，在于何处？痛苦与幸福之间，是个怎样的关系？我们开始了激烈的辩论。我说，痛苦与幸福是相辅相成的，曾经的苦让我们更加深刻地体会到苦尽甘来的甜。高中的时候有一段时间，我找不到自己的位置，找不到志同道合的朋友，找不到我所希望的氛围。那段痛苦的经历为我的现在埋下伏笔；那段痛苦的经历让我无比珍惜现在的快乐和归属感。所以，我们应当体验一定的痛苦。就像蒙田（Montaigne）在《随笔集》里说的：“Nature has given us pain so that we may appreciate and be thankful for comfort at the absence of pain.”（生活赋予我们痛苦是为了让我们在不痛苦之时懂得珍惜和感激当下的舒适）

斯多亚学派（Stoicism）的哲学家们不也说过，要克制、知足、理性，才能得到快乐。朋友点点头，托腮深思。紧接着他开始反问：那么，如果痛苦完了有快乐，快乐完了又要痛苦呢？与其不断在痛苦与快乐之中无休止地循环，不如及时享乐？古希腊哲学家伊壁鸠鲁有句名言：“让我们吃喝，因为明天我们就会死亡。”朋友又搬出德国哲学家尼采要使个人欲望得到最大限度发挥的“行动哲学”。我们在纸上画了各种各样的图案：有阶梯，有圆圈，有波浪，还有直线。我们会在人生的道路上选择怎样的图案？我们的人生，终究会如同阶梯一样循序渐进，如同圆圈一样日复一日，如同波浪一样大起大落，还是如同直线一样平淡无奇？我说：“我不知道。”朋友说：“我也不知道。”

聊着聊着，图书馆里逐渐亮了起来，太阳已经出来了。看着我们笔下的各种图案，我问朋友：“你听说过加拿大的海天高速吗？它属于加拿大到美国99号公路的一段，连接着温哥华和滑雪胜地惠斯勒。”朋友很好奇。我告诉他：“这是《国家地理》杂志评选出来的11条全球最佳驾车旅游路线中的一条。在温哥华时我们全家常去海天高速上兜风。”

爸爸妈妈，你们还记得吧，我们当时扛着一台相机，带着点干粮，驾着一台越野，有事没事就往海天高速跑。我还清清楚楚地记着，这条高速修在太平洋与群山之间。它时而像阶梯一样险峻，时而像圆圈一样蜿蜒，时而像波浪一样起伏，时而像直线一样望不到尽头。无论车窗外的风景是山崖、沙滩、湖泊、海洋、高楼还是别墅，车里的我们仨总被这变幻莫测的景色所迷住，不断赞叹一路上风光无限好。

其实，爸爸妈妈，海到天，究竟有多远？我不知道，我只记得，一路上，有你们相伴风光无限好——不论它是痛苦，还是幸福。

爸爸妈妈，你们看，我这一写，就写了这么多。搬家公司的人已经在敲门，等待取走我的布包和皮箱了。回国的飞机下午就起飞，这间承载着我大一回忆的房间也马上不属于我了。

落笔之前，我又瞟了一眼窗外的那片绿意，这绿不仅是常春藤的颜色，更是我心中力量的源泉，我把它收藏在笔尖，将它带着一起度过暑假，步入大二、大三、大四，最终步入社会，它还要同我走过好长好长

落笔之前，我又瞟了一眼窗外的那片绿意，这绿不仅是常春藤的颜色，更是我心中力量的源泉，我把它收藏在笔尖。

的一段旅程呢。

先聊到这吧，我要走了。爸爸妈妈，马上，我们就要见面了。

念念

2013 年 5 月 17 日于纽约

爸妈的回信

念念：

我们之间有一段时间没有通信了，还记得我们那些“留在床头的书信”吗？看见你提笔写给我们的信，我们有多开心。这次，在你的书稿出版之际，爸爸妈妈怀着激动与骄傲的心情为你写此信，我们常觉得有你这样一个女儿，是如此的幸运。在你成长的每一个春秋里，爸爸妈妈每时每刻都在关注着你的进步，关心着你的成长。经历了和你一起成长的岁月，从你哭闹着来到了这个世界，踉跄学步、牙牙学语，到外公外婆推车送你到幼儿园、扎着小马尾巴辫上小学，再到加拿大补习班里倔强的表情和挥着手走入哥大的潇洒背影，太多的美好和感动浮现在脑海。

爸爸妈妈要感谢你，我们的女儿，你的到来，让爸妈体会到无以言表的快乐；你的到来，让爸爸妈妈的天地里增添了更多的生动和色彩，让我们更懂得了爱的含义和爱的真谛；感谢上帝，赐予我们这样好的女儿，给我们温馨，让我们骄傲。想起你，再苦也甜，为了你，再累也值。为了你的成长，爸妈也不停地努力着，伴随着你的一步步成长，爸爸妈妈也体会到了更多彩、更丰富的人生。

回首我们走过的路，有欢笑，也有泪水，刚开始，是我们把脚步放慢，再放慢，好让你那稚嫩的脚步能跟上我们的步伐；慢慢地，我们齐头并进，可以一起欣赏人生风景；而现在，爸爸妈妈都感到是你在刻意放慢前面奔跑的脚步，来配合我们蹒跚的姿态，在路上我们常常自省，想让自己慢点再慢点，免得走得太快以至于跟不上自己灵魂的脚步。我们的初衷只想让你在我们爱的呵呵下健康快乐的成长，不愿让你背负太多负担，但你却有着自己的梦想与追求，并为此给自己不断加压，面对你的独立与上进，我们一面为你鼓励，另一面又有些心疼。而你却肩负着自己的使命与梦想一路不停地奔跑着。都说男孩穷养，女孩富养，但你，我们的虎妞，身上却没有一丝的软弱和娇气。

不论是在国内还是在国外，你都有自己的目标和处事原则，这点爸爸妈妈最为欣慰。在你的成长中，爸爸妈妈体会更多的是开心快乐和享受。你像一面镜子，更像一棵树，真实地反映了我们对这颗种子的养育过程。孩子，在经历了刻苦努力后，现在你已经步入心爱的大学，拥有了更广阔、更自由的天地。爸爸妈妈知道，这并不是终点，这只是人生的另一个起点，我们也知道你不会停下来奔跑的脚步，爸爸妈妈希望你在奔跑的同时能够暂时停下来，学会安静，学会思考，学会聆听内心的世界，学会寻找灵魂的归属。这样，你才能走得更稳，跑得更远。

你总问我们海到天的距离有多远？你知道吗，其实海到天的距离是爱到爱的距离，无论你到天涯海角，永远都在爸爸妈妈的爱的海与天之间，再远的距离，只要你的心打开了，都能翱翔于海天之间。

海到尽头天作岸，山登绝顶我为峰。无论你是在海的那边，山的那端，爸爸妈妈都会和你一起……

谨寄数语，言犹未尽。

爱你的爸爸妈妈